ANATOLE FEUGÈRE

SA VIE

SES OEUVRES, SON ENSEIGNEMENT

TOULOUSE, IMPR. L. HÉBRAIL ET DELPUECH, RUE DE LA POMME, 5.

ANATOLE FEUGÈRE

PROFESSEUR DE RHÉTORIQUE AU COLLÉGE STANISLAS
SUPPLÉANT AU COLLÉGE DE FRANCE

SA VIE

SES ŒUVRES, SON ENSEIGNEMENT

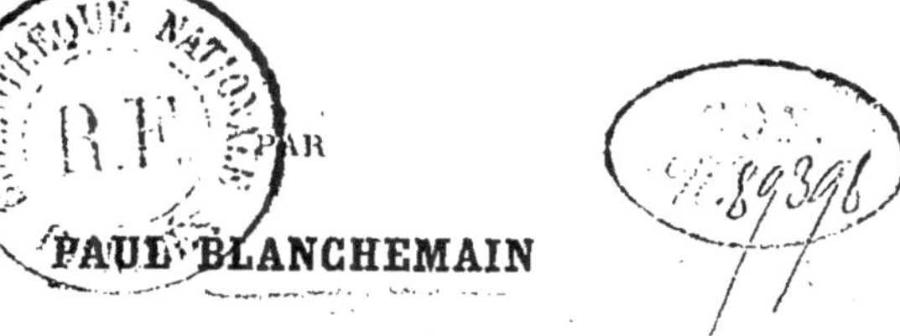

PAR

PAUL BLANCHEMAIN

AVEC UNE EAU-FORTE DE LALAUZE

—+✱+—

PARIS

PUTOIS-CRETTÉ, LIBRAIRE-ÉDITEUR

90, RUE DE RENNES, 90

1880

PRÉFACE

Lacordaire écrivait un jour : « Le premier lieu où l'on rencontre ceux que l'on aime, c'est leur histoire... Il n'y aurait pas d'amitié, si la mémoire ne ressuscitait dans l'âme et n'y tenait présents ceux à qui nous avons donné notre cœur. »

Là est l'explication des pages qu'on va lire. On n'a pas seulement voulu faire revivre une chère mémoire, mais montrer, chez un homme qui fut de son temps, l'exemple de la fidélité gardée aux meilleures traditions du passé.

A une époque inquiète et sceptique, quand la vie de tant d'hommes d'étude aboutit trop souvent à un *que sais-je* amer et découra- geant, il nous a paru bon d'opposer, dans son rayonnement consolant et doux, l'existence modeste d'un homme de lettres, dont l'unité a été la pensée chrétienne.

De même qu'en mettant le pied dans une riche contrée on ne se lasse pas de regarder autour de soi, de la parcourir et de suivre pas à pas les rives du fleuve qui la féconde, ainsi pénétrant dans cette belle vie, nous en avons suivi le cours tout entier avec une émotion toujours plus profonde. On ne nous reprochera pas d'avoir cédé à nos impressions et laissé parler nos souvenirs. Ceux qui ont aimé savent que plus on s'attache à une âme, plus on devient avide des moindres détails qui la rappellent.

C'est à A. Feugère surtout que nous demandons pardon d'avoir accordé peut-être trop de liberté à notre plume. Il était de ceux qui eussent voulu que toujours la main gauche ignorât le bien qu'avait accompli la main droite. Mais il est à l'abri des misérables triomphes de la vanité humaine, et le bienfait de son exemple est le dernier qu'il ne peut nous refuser de donner.

Livrons donc ces pages, dont sa seule mémoire fait tout le prix. Nous les dédions aux élèves d'A. Feugère, qui ont pu jouir des vives lumières de son esprit, des délicatesses de son cœur! Ils lui doivent peut-être le conseil qui a décidé de leur vie ou lui devront l'inspiration qui la réglera. Ceux-là l'ont aimé et pleuré avec nous!

Nous les dédions aussi à tous ces jeunes esprits de nos écoles, qui se demandent avec une anxieuse sincérité quelle route ils prendront, quels principes ils embrasseront et défendront.

A. Feugère est un maître par la science et le talent, mais il est presque un des leurs encore par l'âge. Qu'ils l'écoutent. Il leur apporte une réponse et un exemple par le spectacle de sa vie.

Que ces jeunes gens se souviennent, à l'heure du doute, de ce maître, d'une intelligence si élevée et si fine, resté fidèle aux simples croyances de son enfance, y trouvant la force d'une vie courageuse et digne, l'adoucissement d'une mort cruellement soudaine. Ils sauront le secret de ne jamais désespérer d'eux-mêmes ni de la société.

ANATOLE FEUGÈRE

I

Le 2 août 1877, la mort enlevait brusquement à l'Université un de ses maîtres les plus brillants qui, depuis trois années déjà, au Collége de France, suppléait M. de Loménie dans la chaire de littérature française. Quand, au bord de sa tombe, MM. Laboulaye et Wallon, au nom des professeurs du Collége de France et de la Sorbonne, saluèrent pour la dernière fois leur jeune collègue; quand, ému d'un sentiment plus intime, M. l'abbé de Lagarde, directeur du collége Stanislas, rappela avec quel dévouement Anatole Feugère y avait professé dix ans la rhétorique, tous les assistants se retirèrent pénétrés par l'accent des regrets et la sincérité des éloges qui venaient d'être exprimés.

Mais ce que dirent les trois orateurs du professeur et du littérateur, ce qu'ils laissèrent entrevoir de l'homme lui-même, ne pouvait qu'éveiller la curiosité publique. Nous essaierons de la satisfaire dans cette courte étude. Il nous eût été doux et plus facile peut-être de l'écrire sous l'impression de notre première douleur. Nous avons attendu. L'amitié, nos regrets, pouvaient surfaire nos jugements; mais le temps, loin d'atténuer notre admiration, n'a fait que l'accroître.

Un retour vers le passé d'A. Feugère, nous a fait sentir plus cruellement le vide que laisse cet esprit d'élite et cet homme de bien. En même temps que nous nous sommes senti dominé et rendu meilleur, en suivant pas à pas sa vie, une lecture méditée des travaux qu'il a terminés et l'examen d'un grand nombre de précieuses ébauches, nous ont convaincu qu'il mérite d'être connu, et qu'il n'y avait même que justice à étendre, s'il était possible, au-delà du cercle de la famille et d'intimes amis, l'hommage qui est dû à cette jeune et pure mémoire.

A. Feugère était plus, en effet, qu'un professeur chéri et admiré de ses élèves, plus qu'un écrivain distingué, qu'un orateur délicat et rare, il y avait en lui un homme dans toute la force du terme, un homme aussi grand par le caractère et par le cœur que par l'esprit, par la vertu que par le talent.

Par des traditions de famille, comme par la carrière qu'il suivit, A. Feugère appartenait à l'Université. Il la servait loyalement; ses attaches pour elle étaient sincères; il lui rapportait son vif amour des choses de l'esprit, son goût et sa science; parfois cependant il put regretter qu'elle ne préservât pas assez attentivement les jeunes générations contre l'influence des doctrines dangereuses qui menacent aujourd'hui la société. Aussi, sans lui rien refuser du respect et de la reconnaissance qu'il croyait lui devoir, il avait un culte plus haut : celui de la vérité; et sachant quel péril elle court au milieu des erreurs des écoles, comprenant que l'émulation est le plus précieux contrôle, il était de ces esprits vraiment amoureux de la liberté, qui admettent une noble concurrence, et sont prêts à saluer les progrès de l'esprit humain, eussent-ils pris naissance sous un autre abri que celui de la Sorbonne, et se fussent-ils réalisés par d'autres mains que des mains universitaires.

Mais l'influence qui découle d'un enseignement ouvertement catholique, faisant à l'idée divine la place qu'elle doit légitimement occuper dans la

littérature et dans l'histoire, dans la philosophie
et dans les sciences, cette influence qu'il trouvait
bon que d'autres exerçassent au dehors, il jugea
meilleur de l'exercer lui-même dans le sein de
l'Université. Il se réserva ce genre d'action plus
délicat, plus périlleux, jusque dans sa prudence,
et tout aussi puissant, qui consiste à mettre au
service des plus saines doctrines et dans un milieu
peut-être moins favorable, un talent reconnu et
autorisé à se produire officiellement.

C'était le rôle que le zèle chrétien d'Ozanam
avait envié et rempli. Alors que les chaires de
l'Etat étaient trop souvent occupées par des hommes hostiles ou prévenus à l'égard des doctrines chrétiennes qu'ils connaissaient mal ou ne
voyaient qu'à travers leurs passions, Ozanam était
monté, par droit de talent, dans une des chaires de l'enseignement supérieur, et à force d'éloquence, de vertu et d'impartialité, il avait obtenu
du public plus d'attention et de justice dans l'ap-
préciation des questions qui touchaient à l'Eglise,
en même temps qu'il obtenait de ses collègues
plus de circonspection dans leurs attaques.

A. Feugère est un des continuateurs directs
d'Ozanam, un héritier du souffle généreux et pur
qui l'animait, un de ces professeurs qui, Dieu
merci ! ne sont pas encore si rares dans l'Université, et qui voudraient, dans la mesure où nulle

atteinte ne serait portée aux droits de la vérité, concilier les idées modernes et les principes chrétiens. Mais ni lui, ni ceux de ses collègues qui osaient ainsi, dans leur sincérité courageuse, faire prévaloir l'esprit catholique dans leur enseignement, n'ont eu le bonheur de rencontrer l'aide puissante qui soutint leur illustre prédécesseur. Ils n'ont pu former de groupe. Ils ne se rattachent point, comme Ozanam, à une de ces pléiades d'esprits militants, qui font pencher dans leur sens la littérature ou la politique d'une époque. Ils ont eu contre eux l'isolement.

On peut se demander ce qu'aurait été A. Feugère si, né quelques années plus tôt, il avait pu lier sa vie et mêler son action à celles des Lacordaire, des Montalembert et des Cochin?

S'il n'avait pas à un égal degré l'esprit d'entreprise, l'activité de ces vaillants champions, s'il n'entrait pas dans son caractère de prendre une situation de polémiste déclaré, s'il resta professeur et ne fut pas apôtre, il possédait les qualités propres à cette action tempérée, mais encore si puissante, par laquelle le professeur instruit, dévoué, d'une vie conforme à ses principes, conduit les esprits sincères du beau au bien, du bien au vrai, du vrai à Dieu; et ce fut là, voilée sous la grâce littéraire, la haute et constante inspiration de son enseignement.

C'est donc auprès de ces hommes, à qui notre génération a dû son retour vers les traditions chrétiennes, c'est près de ces hommes que je le place et surtout près de celui qu'il nous rappelle davantage, près du doux Ozanam.

Et, en effet, entre ces deux noms, ne se fait-il pas dans l'esprit un rapprochement qui n'a rien de forcé? Et la mémoire d'Ozanam s'en offenserait-elle? Tous deux éprouvèrent, bien jeunes, une vocation ardente pour les lettres. Dès leurs premiers travaux, la douceur et l'éclat particulier de leur talent, la rare vigueur de leur pensée révélèrent la beauté de leur âme qui en était la source. Ils furent tous deux professeurs. Le désir passionné de communiquer à d'autres esprits les lumières dont ils se sentaient eux-mêmes pénétrés, leur fit vaincre les redoutables émotions de la parole publique. Tous les deux eurent le même sentiment grave de leur responsabilité morale. Travailleurs infatigables, cœurs tendres, pleins d'une émotion persuasive, esprits jaloux de conquérir les autres à la vérité chrétienne, ils reçurent de toutes les libéralités du ciel la plus haute et de toutes les puissances la plus efficace pour le bien si l'on n'en mésuse jamais : l'éloquence. Tous deux furent brusquement arrêtés dans leur tâche, comme si Dieu, en fermant la bouche aux meilleurs, nous avertissait que l'œuvre du progrès qui se poursuit dans l'humanité n'a de perpétuité que par lui et en lui, que les hommes y peuvent concourir comme de bons ouvriers, mais comme des ouvriers seulement, et non pas comme l'architecte qui voit le commencement, la suite et la fin de l'œuvre.

Leurs destinées, cependant, ne furent pas égales. Si plus favorisé, d'abord, A. Feugère arriva sans tâtonnement et presque sans lutte, à cette chaire de rhétorique de Stanislas, qu'Ozanam occupa aussi quelque temps ; si presque au même âge où Ozanam débutait à la Sorbonne, A. Feugère conquérait au Collége de France cette même attention qui entoure les hommes nouveaux lorsqu'ils unissent à l'éclat du talent les grâces de la distinction et de la jeunesse ; Ozanam, pendant près de quatorze ans, eut le bonheur de poursuivre son œuvre et d'achever ce monument magnifique où, justifiant les affirmations du chrétien, l'historien démontre qu'à l'époque où l'empire romain semblait entraîner le monde dans sa chute, l'Eglise du Christ apparut comme une nouvelle arche où la civilisation put échapper aux flots envahisseurs des barbares.

A. Feugère eut à peine le temps de prendre position dans sa chaire. S'il sut charmer ses auditeurs, il ne put donner toute la mesure de son talent. Obligé de disséminer ses forces, il fut comme ces voyageurs qui adressent en grande hâte, dans des lettres brillantes, leurs impressions, leurs réflexions, au fur et à mesure qu'ils visitent de nouveaux pays, sans trouver toutefois le loisir de s'arrêter, de revenir sur l'ensemble du chemin parcouru, et de fixer le résultat de leurs études.

Mais ce serait écourter notre tâche que de la borner à apprécier les œuvres d'A. Feugère. L'homme a surpassé l'écrivain. Nous nous attacherons à montrer qu'ils se complètent l'un par l'autre. Et si, grâce à notre effort, l'exemple doucement persuasif qu'A. Feugère a donné passionnait quelques jeunes hommes, nous croirions l'avoir fait revivre d'une façon digne de lui.

A. Feugère naquit à Poitiers, le 25 juin 1843. Il avait à peine deux ans, quand son père fut envoyé au lycée de Douai comme professeur de rhétorique. C'est à Douai que devait s'écouler l'enfance d'Anatole Feugère. Là, il connut les premières caresses de la famille; là, il rencontra cet ami de la première heure (1), auquel il adresse plus tard ce poétique souvenir :

> O jardins de Douai ! solitudes premières
> Où nous courions, riant du matin jusqu'au soir,
> Où nous nous ébattions sous les yeux de nos mères,

(1) M. Louis Léger, actuellement professeur de langue russe à l'école des Langues orientales vivantes, à qui nous sommes redevables de précieuses communications sur la jeunesse d'A. Feugère.

Sœurs par leur amitié comme nous étions frères ;
        Je voudrais vous revoir !
Quand on a déjà fait tant de pas dans la vie,
Vers ses premiers chemins on aime à revenir ;
Je vous verrais, ô ville ! ô campagne chérie !
Avec la vague joie et la mélancolie
        D'un lointain souvenir !

On comprend qu'il n'était pas encore question
de poésie, quand le petit Anatole rencontra son
ami dans le jardin de Douai. Sans doute, cet enfant
aimable, d'extérieur charmant, vif et enjoué, avec
ses longs cheveux blonds encadrant une douce
figure illuminée d'un profond regard, devait faire
tressaillir d'orgueil le cœur maternel. Mais qui
donc aurait su deviner l'avenir ?

D'ailleurs, A. Feugère devait trouver dans la
famille où Dieu l'avait placé le respect des meilleures traditions. La famille Feugère possède de
précieuses annales domestiques, qui lui permet-
tent de remonter jusqu'au temps de Henri IV.
On trouve alors un Feugère, notaire de Sully, à
la résidence de Rosny. Il est fait aussi mention
d'un capitaine des gardes du même nom, dans les
mémoires du célèbre homme d'Etat. En 1822,
un Feugère meurt président du tribunal civil de
Mantes, et c'est le fils de ce président qui donna
à l'Université deux membres distingués, l'oncle
et le père d'A. Feugère. Tous ceux qui connaissent

l'austère et dévoué professeur du lycée Fontanes n'auront pas de peine à s'expliquer la vigueur du caractère d'A. Feugère, son inflexibilité dans le devoir, comme son âme prompte à tous les dévouements. Et pour que cette heureuse nature fût complète, il reçut aussi de sa mère de vives et aimables qualités qui égayaient doucement, si l'on peut dire, les côtés plus sévères de son caractère.

II

C'est au sortir de l'enfance, sur les bancs du lycée Bonaparte, qu'il nous est donné de rencontrer tout d'abord A. Feugère.

Le spectacle de sa jeunesse grave et laborieuse nous fera comprendre comment, à cette heure décisive de la vie, A. Feugère sut acquérir cette force sur soi-même, cette énergie de volonté qui devaient plus tard porter de si beaux fruits. Le bienfait d'amitiés choisies, l'habitude de se vaincre contractée de bonne heure, le goût naturel des lettres et des belles choses, surtout la fidélité aux devoirs de la vie chrétienne, l'y avaient singulièrement aidé.

Au mois d'octobre 1858, il entrait en troisième, lorsqu'un premier chagrin l'atteignit. Cet ami d'enfance, avec lequel il avait joué et pris ses premières leçons à Douai, venait de quitter Paris pour Coutances. Ils avaient été réunis quelques années. L'adieu n'en fut que plus triste, le vide plus grand.

L'absence tue les fausses affections. Elle raviva leur tendresse. Une correspondance suivie nous en apporte le gracieux témoignage, et va nous permettre de pénétrer dans les intimes détails de leur vie studieuse. Le mot n'est pas trop fort; car ce qui constitue le caractère original des lettres du jeune Anatole et de son ami, c'est un amour trop rare de l'étude. Tous deux se livraient avec une vraie passion à ce premier labeur des lettres que tant d'autres subissent. Par une convention qui peut surprendre à cet âge, ils avaient fait de leur correspondance le plus agréable et le plus ingénieux des stimulants au travail.

Epris des anciens, A. Feugère s'adonnait, avec un vif enthousiasme et une audace souvent heureuse, à la poésie latine. Son ami préférait la poésie française. C'était un échange constant. Ils étaient, comme disait Montaigne de son ami la Boëtie et de lui-même : *pareillement curieux de frotter, de limer leur cervelle contre celle d'autrui.*

Les écoliers coutançais n'avaient point cette ardeur pour les vers français ou même latins. Nul d'entre eux ne s'amusait à en faire pour se divertir; aussi les deux amis passaient-ils pour des phénomènes.

La variété et la grâce naïve distinguaient leurs compositions. A une fable dans le goût de Phèdre, on ripostait par une pièce sur le *retour des primevères*, et alors que de réflexions fines, que d'éloges motivés et tempérés par de justes critiques :

« Tes pièces sont charmantes, écrivait le latiniste, j'y remarque cette qualité, que la bombe est pour chacune au dernier vers. »

Ici, on découvrait une imitation heureuse ; là, on signalait un affaiblissement du modèle. A. Feugère était très-sévère pour lui-même. Son ami se plaint d'être toujours devancé dans les critiques qu'il pourrait faire ; il n'a plus qu'à approuver les passages respectés et à adoucir les sévérités outrées que le jeune poète s'inflige à lui-même. Tel Anatole était écolier, tel il restera. La conscience de l'écrivain n'eut d'égal que la conscience de l'homme.

Lorsqu'on s'initie quotidiennement aux beautés des auteurs et à leurs sentiments exquis, la vie s'en pénètre. C'est ainsi, qu'ému de la mort subite d'une amie de sa famille, A. Feugère emprunte à une de ses versions une allusion à cette tristesse :

Omnia sunt hominum tenui pendentia filo
Et subito casu quæ valuere ruunt.

Les coups de la mort sont rarement isolés; une plus cruelle épreuve l'atteignit :

« Ce malheur, comme il l'écrit lui-même, n'attaque pas seulement toute la famille ; c'est presque une perte pour la littérature. »

C'en était une, en effet, que la mort de son oncle, Léon Feugère, si estimé dans le monde universitaire et si connu par ses portraits littéraires du XVIe siècle. Le récit qu'il en fait m'arrête involontairement, car la promptitude du coup qui emporta son oncle ne fut pas moins terrible que la rapidité du mal sous lequel il devait succomber lui-même. Et de lui aussi, ne pourra-t-on pas, un jour, répéter ce qu'il écrivait de la mort de son oncle :

« Nous sommes tous consolés de la moitié de notre douleur par la beauté de sa mort. »

Le sentiment était très-vif dans l'âme du jeune collégien. Il ne peut se décider à reprendre sa vie ordinaire sous l'impression d'un pareil malheur :

« Je ne sais pourquoi on est attaché à cet état de tristesse qui vous entoure et qui vous possède, et l'on ne peut pas s'en détacher. »

Quoiqu'il fût bien jeune encore, cette mort

produisit sur lui une profonde impression ; il prit la résolution d'honorer, en l'imitant, la mémoire de celui qu'il pleurait.

Cœur généreux, il est sensible aux douleurs qui frappent les siens ; esprit délicat, il étudie déjà en lettré. Le patriotisme s'éveille aussi chez lui. Souvent, avec un jugement précoce, il apprécie, en les résumant pour son ami, les événements politiques qui commençaient à inquiéter le pays.

Mais plus encore que l'élève brillant, c'est le chrétien qui déjà fixe nos regards et nous rappelle la gracieuse pensée du moraliste, trouvant dans la vertu naissante du jeune homme plus de beauté que dans les premiers jours du printemps. Vous verriez A. Feugère prenant, sur l'unique jour de liberté du collégien, le temps de suivre avec assiduité les conférences du Père Félix à Notre-Dame. Il en sera récompensé. Son esprit, déjà si droit et si fin, gagne bientôt en solidité ; sa faculté philosophique se fortifie. Il doit au culte des belles-lettres la grâce, la vivacité, l'élégance, une manière facile et heureuse d'exprimer sa pensée. Les enseignements de la foi vont donner à cette pensée un plus ferme fondement. A l'heure où tant d'autres rejettent le joug léger de la foi de leur mère pour subir une servitude autrement lourde, celle de leurs passions, A. Feugère se pénétrait de plus en plus de la vérité religieuse ; il s'y attachait de raison et de cœur, et la foi devenait ainsi la base solide, inébranlable de toute sa vie.

Et ne croyez pas que ces habitudes de forte discipline ôtent quelque chose à la fraîcheur de l'âme. Tout au contraire. Les tendresses y prennent un caractère de pureté et de durée qui se rencontrent rarement chez ceux qui n'ont pas mis Dieu au fond de toutes leurs affections.

Pour ne parler encore que de l'amitié, qui tient une si grande place au début de la vie, peut-elle s'exprimer plus délicatement que dans ces lignes ? Il a revu la maison qu'habitait son ami :

« Ah ! mon cher ami, il m'a été bien pénible d'entrer dans la maison où tu étais si souvent entré, de monter cet escalier que tu as tant de fois monté ; puis de me promener sous ces arbres du Luxembourg sous lesquels, si souvent, nous nous étions promenés ensemble,... enfin de regarder les livres de ce bouquiniste de la rue Saint-Jacques où tu les as regardés si souvent. Tout cela m'a fait mal. Toujours, jusqu'ici, j'avais évité, quand j'avais été parfois dans le quartier Latin, de passer devant ton ancienne maison. Et voici qu'il m'a fallu y entrer ! enfin,

Ludit in humanis divina potentia rebus.

« Hélas ! dans la vie on a toujours la preuve qu'Ovide a dit bien vrai. »

On comprend, après l'expression de tels sentiments, quel doux rêve devait être pour l'élève de Bonaparte, à la veille des vacances de cette année

1859, un projet de voyage à Coutances et quelle déception fut pour lui l'abandon de ce projet.

En vain, obtient-il un premier prix de version latine au concours général. Rien ne peut le distraire. La joie des fêtes du 15 août lui rappelle que, l'an passé, il en suivait les apprêts au Trocadéro en compagnie du cher absent. Il se sent envahi par cette mélancolie qui l'enveloppe quelquefois et le portait déjà trop à se replier sur lui-même.

Mais un autre ami l'entraîne aux environs de Dammartin et là, dans une campagne pleine de charmes, il se console « en lisant ses chers auteurs et en écoutant le frémissement d'arbres divers qu'agite sous sa fenêtre une brise rafraîchissante. » Il a sur le bureau de sa chambre *les Caractères* de La Bruyère, *les Portraits littéraires* de Sainte-Beuve, *le Voyage sur les bords du Rhin* de Victor Hugo, *les Martyrs* de Chateaubriand, qu'il lit et, comme réserve enfin, un Shakespeare en anglais. Mais notre jeune littérateur se désespérait de ne pouvoir goûter qu'imparfaitement le grand tragique dans sa langue, surtout en songeant aux répétitions anglaises que son ami de Coutances devait lui donner pendant son séjour projeté.

Ce n'était pas le zèle, mais le temps qui manquait à A. Feugère pour de plus fréquentes excursions dans les littératures étrangères. Il était attiré par les plus diverses études. La visite d'une curieuse église romane éveillera chez lui le goût de l'archéologie. Il voudra même reproduire par le crayon ce qu'il a vu et admiré :

« Que veux-tu? le dessin est une belle chose, la musique aussi, tous les beaux-arts sont de belles choses, mais le temps!... mais le temps ! »

Le temps fuyait, en effet, quoiqu'il en tirât merveilleusement parti. La rentrée scolaire de 1859 approchait. Il s'y préparait par des travaux personnels très-sérieux. La mythologie et l'étude opiniâtre du grec l'attachent en ce moment plus particulièrement. Va-t-il au Théâtre-Français ? C'est une traduction en vers de l'*Œdipe-Roi* qui l'a attiré ; et l'auteur s'étonnerait de la portée des jugements de l'élève de Bonaparte. Il lit beaucoup. Cependant, il se reproche trop de céder à la curiosité que provoquent en lui les œuvres nouvelles et de ne pas assez connaître le XVIIe siècle. Ce siècle est déjà pour lui la plus haute région de la littérature et de la langue française. « Il y a, dans ce XVIIe siècle, écrit-il, de quoi étudier pendant cent ans. » Pourquoi, n'a-t-il pu réaliser la moitié de ce centenaire d'études et de recherches?

Mais c'est à cette rentrée de 1859 que la correspondance des deux amis prend un caractère de plus en plus littéraire. Pensant que rien ne mûrit mieux le goût que la critique, et à plus forte raison la critique d'un critique, A. Feugère offre à son ami d'analyser La Harpe. C'est un trait de lumière pour le lycéen de Coutances, esprit vif, aussi en-treprenant que distingué, et qui souffre du jeûne des bons livres.

« Tu as dans ta bibliothèque un certain nombre de criti-tiques à côté de Laharpe, mets-toi en quête de recherches et fais-moi un cours sur la poésie grecque. Je te ferai de mon côté un cours de littérature étrangère. Le mot est bien ambitieux. Je veux dire que je causerai avec toi des poè-tes lyriques et élégiaques anglais, allemands et quelquefois italiens, en t'envoyant, ce que je te demande aussi, force citations, et t'indiquant quelques ouvrages à consulter. »

L'idée sourit à A. Feugère. Le cours de littérature grecque commença.

Je n'essaierai pas de donner l'analyse des véri-tables leçons qu'A. Feugère écrivait. Je ne puis m'empêcher cependant de constater le grand in-térêt de ces premiers *essais*. Le goût est déjà assez sûr pour aller droit aux plus belles pages. On y relève des traductions très-fines. On sent aussi que plus d'une élégie a touché le cœur du traduc-teur qui reste pur, élevé, mais qui s'émeut de la grâce, de la beauté, et qui palpite aux premiers échos d'un tendre sentiment.

Ce genre de correspondance était un véritable travail ajouté aux labeurs de la classe dont, assurément, de tels élèves ne négligeaient aucune partie. A. Feugère dut l'interrompre plusieurs fois. Sa santé ne répondait pas à son énergie. Après avoir soutenu quelque temps l'effort, « la pauvre machine de son corps se détraquait, » dit-il lui-même, et il en avait pour quelque temps à se remettre. Presque toujours, le mal s'annonçait par un symptôme qui l'épouvantait. Il perdait la mémoire. Cette sorte de maladie faisait de tels progrès en lui, que, souvent, il ne se rappelait plus ce qu'il avait à faire et ce qu'il avait fait. L'exemple de J.-J. Rousseau, qui passait des journées entières à apprendre une églogue de Virgile, sans jamais se rappeler le lendemain ce qu'il avait appris la veille, faisait sa terreur.

Ces crises physiques, qui prouvent qu'on ne s'affranchit pas des lois de la progression patiente de l'esprit humain, nous montrent quelle lutte courageuse A. Feugère livra toute sa vie contre un organisme frêle. Que nos jeunes élèves, dont la santé délicate sert mal la généreuse ambition, ne se désespèrent pas ! Leur devancier se signalait par trois premiers prix de version latine, de vers latins et de thème grec au concours général de 1860, l'année même où il se jugeait frappé d'imbécillité.

A. Feugère avait repris ses leçons sur les poètes grecs ; il arrivait à Anacréon et à Théocrite. Cette étude était téméraire. Dans ces chefs-d'œuvre d'une grâce achevée, le tableau honteux des mœurs païennes se dissimule trop peu sous le charme de l'idylle. Aussi un arrêt paternel fermait-il le cours de littérature grecque. Le corps du délit, le Théocrite, fut confisqué. Le dépit de notre commentateur fut grand.

A. Feugère avait pour l'autorité paternelle un respect trop oublié aujourd'hui. C'est peut-être l'unique fois qu'il s'en écarta. L'intention chez lui était si purement littéraire, qu'il pouvait ne se croire point coupable.

« Je suis vraiment bien malheureux, écrit-il, mon père m'enlève successivement tous les livres où il y a la moindre chose scabreuse. J'ai vu m'être enlevé ainsi le *Corpus omnium poetarum*, l'André Chenier, le Théocrite !.... Mais j'ai acheté le Théocrite Tauchnitz, et s'il m'est ravi, je le rachèterai, et s'il m'est encore ravi, je le rachèterai encore, quitte à faire comme Racine pour son roman. »

Les maîtres de Port-Royal avaient enlevé, à plusieurs reprises, au jeune Racine, le livre des amours de Théagène et de Chariclée qu'il lisait dans le grec ; Racine finit par l'apprendre par cœur. Telle était l'héroïque vengeance que méditait A. Feugère.

Mais la protestation ne pouvait tourner en révolte de la part d'un aussi bon esprit ; il comprit la vigilance paternelle et abandonna les élégiaques grecs.

Quelques années plus tard, devenu professeur de rhétorique et chargé de prononcer à la distribution des prix du lycée de Grenoble son premier discours, il choisira pour sujet : *la lecture.* — Et comme s'il eût prévu qu'un jour cet acte d'indépendance serait raconté, il prenait soin de nous en fournir, à une autre heure de sa vie, une sorte de réparation ; car il disait dans ce discours :

« Il est un danger que nous devons craindre plus que tous les autres : c'est le mauvais choix des lectures..... Hélas ! messieurs, nous sommes tous fils d'Eve, et le fruit défendu, fût-il le plus amer des fruits, nous semblerait encore plus doux que tous les autres..... Quand fût-elle donc plus nécessaire qu'aujourd'hui, la proscription rigoureuse de tout ce qui peut fausser l'esprit ou corrompre le cœur ?..... Que de futilités, que de laideurs morales et littéraires se vendent maintenant au détail, sous la forme trop commode de la livraison ou du journal !.... »

Et, rappelant l'anecdote de Racine qu'il connaissait si bien, il ajoutait :

« Si, de notre temps, un livre interdit parvenait à se glisser parmi vous et à tromper la vigilance de vos maîtres, ce serait un roman peut-être ; serait-il en grec ? J'ai de bonnes raisons d'en douter. *Heureux encore s'il était vraiment en français !* »

Puis il adressait aux jeunes esprits ce conseil touchant et grave :

« Fuyez cette atmosphère de frivolité, qui rend l'âme incapable de toute pensée sérieuse et de toute aspiration élevée ; évitez ces livres faux et mauvais où vous perdriez votre bon goût, votre bon sens et peut-être votre bon cœur. Et surtout ne vous mêlez pas aux lecteurs, déjà trop nombreux, de ces écrivains qui comptent sur la dépravation du goût public, qui savent tout ce qu'elle tolère et tout ce qu'elle demande, qui se font un profit de l'exploiter et un succès de la satisfaire. »

Du reste, à l'âge où nous l'étudions, il en avait lui-même donné l'exemple. S'il quitta à regret Théocrite, ce fut pour se livrer surtout à des lectures d'un intérêt élevé et instructif.

La correspondance qu'il continue à entretenir avec son ami est le reflet d'une étude très-suivie des littératures latine, française et étrangère. S'adonne-t-il à l'histoire, et vient-il à ouvrir le livre de *la Restauration,* de Lamartine? C'est pour déplorer l'ignorance trop commune où nous sommes de l'histoire moderne, alors que les graves questions qui agitent le monde politique rendent plus évidente la nécessité de connaître les événements dont nos pères ont été les témoins. Une brochure politique ou quelque événement viennent-ils l'initier aux luttes contemporaines? Il entrevoit les responsabilités du rôle social qu'il pourrait avoir à remplir un jour ; il aime à s'y préparer, à étudier son temps, à se faire une idée exacte et très-personnelle sur les hommes et sur les faits.

A. Feugère aimait ces excursions hors du cadre habituel de ses études. C'est ainsi que, tout en y rentrant, il en combattait l'aridité par quelques récréations élevées. L'interprétation de nos classiques à la Comédie-Française l'y attirera de temps en temps. Il se fera une fête d'aller à la réception d'un nouvel académicien. Il est assidu au cours de M. Saint-Marc Girardin, et ses lettres marquent tout à la fois avec quelle sûreté déjà il savait reconnaître les qualités exquises d'un maître éminent, sans se laisser tromper par les légers artifices que ne dédaigne pas l'orateur, pour ajouter à ses leçons le piquant attrait d'une allusion maligne, aussitôt saisie et applaudie par son auditoire.

Cependant les vacances permirent le voyage de Coutances, vainement désiré l'année précédente, et nos deux amis ne perdirent leur temps, ni pour le corps, ni pour l'esprit, s'ils réalisèrent le programme offert à Anatole par son ami :

« Quoi de meilleur pour les faiblesses, écrit-il, qu'un air pur, de longues promenades dans la campagne, et, j'ai le droit d'ajouter, la société fraternelle d'un ami. Je te mènerai au bord de la mer, je te montrerai mes sites favoris... Au lieu des allées étiquetées du bois de Boulogne, tu trouveras de petits chemins verdoyants où fleurissent la violette et l'aubépine, et que l'on gravit lentement. Puis nous lirons ensemble quelques vers de Sophocle, de Pétrarque ou de Dante ; nous emporterons un Virgile ou un Horace ; nous causerons de nos auteurs, de nos affaires présentes, de nous-mêmes aussi : je te présenterai à notre société coutançaise ; je n'en finirais pas si je voulais énumérer tous les plaisirs que je me promets avec toi. »

Ce rapprochement fut trop court, et A. Feugère exprime d'une manière touchante le regret de la séparation :

« Trop souvent dans la vie, il y a de ces déchirements de cœur. Le cœur est comme tiré dans des sens divers. Ainsi pour revoir ma famille, il m'a fallu quitter un ami. C'est toujours là notre pauvre existence ; jamais de plein plaisir, jamais de joie absolument pure ; il reste toujours un peu de fiel dans le calice... Mais il me semble que je tourne un peu trop à la mélancolie et au sombre. »

Cependant il n'eut pas le temps de *tourner au sombre*. Voici qu'il reçoit une agréable nouvelle. Son ami va quitter Coutances et il se propose, pour fortifier ses premières études, de venir à Paris redoubler la classe de philosophie. Anatole le presse de venir au lycée Bonaparte, et il ajoute gracieusement :

« Je ne consulte pas mes propres intérêts, car nous deviendrons rivaux, ou plutôt tu seras une des têtes de classe déjà trop nombreuses qui me doivent surpasser. Cependant j'avoue que cela ne serait pas sans utilité pour moi. Mon esprit se retrempe dans ta société, et je m'aperçois maintenant que quand il a causé huit jours avec toi, il devient plus actif, plus laborieux et aussi plus heureux. »

A la rentrée de 1860, ils se retrouvèrent, en effet, à Paris. Ce ne fut point dans le même collége et dans cette intimité rivale qu'A. Feugère avait espérée, mais libres de se voir souvent et de compléter dans des entretiens les longues causeries de leur correspondance.

Au moment où ces premières années vont nous échapper, nous aimerions à en fixer l'image, et elle nous est rendue facile par tous les souvenirs que nous avons recueillis avec une curiosité émue. Un peintre eût aimé à dessiner cette blonde tête d'enfant, aux cheveux bouclés, ces grands yeux bleus et purs, ces traits fins, délicats, ce teint déjà un peu pâli, cette physionomie surtout, dont l'attrait était ce mélange même de la candeur et de l'intelligence. Et cette image n'eût pas été trompeuse. Douce et facile avait été l'éducation de cette âme qui semblait aller au bien par sa pente naturelle. Les succès croissants de ses études n'avaient en rien altéré la grâce de sa modestie. Ce qu'il aimait dans l'étude, c'était l'étude elle-même. Rien d'inquiet ni d'inégal dans sa conduite : nulle impatience de parler, une horreur qu'il garda toujours pour tout ce qui est mise en scène ; la sincérité entière d'un esprit qui ne veut donner le change ni aux autres, ni à soi-même; la vérité dans toutes ses actions, dans tous ses sentiments. Ce fut là une des qualités essentielles d'A. Feugère. Le danger pour lui eût été plutôt la défiance excessive de soi. Il était de ceux qui ne font aucune avance à la fortune.

Mais marquer ces traits, c'est peut-être devancer les temps. Au moment où nous sommes parvenus, A. Feugère achevait ses études, après avoir été cinq fois lauréat au concours général, et il obtenait, en philosophie, le second prix de dissertation française. La précoce gravité de son esprit avait cependant des gaietés innocentes, et de ces années mêmes, comme exemple de la souplesse élégante de sa plume, on pourrait citer une pièce de vers, lue à un banquet de la Saint-Charlemagne, où il esquissait l'histoire du lycée Bonaparte :

C'est d'abord un couvent, si j'ai bonne mémoire :
Les moines y priaient, — on y soignait les cœurs...

. . . .

L'art y vint prodiguer ses bienfaisants trésors ;
Ce fut un hôpital, — on y soigna les corps.

. . . .

Aujourd'hui l'on y soigne assez bien les esprits.
Or, le cœur et le corps avec l'esprit, en somme
Dites logiciens, n'est-ce pas là tout l'homme ?

Et il concluait par cette flatteuse statistique :

Bref, depuis soixante ans, ce lycée a produit
Cent magistrats, cinquante avocats en crédit,
Quarante professeurs, vingt banquiers, — tous honnêtes,
Près de cent romanciers, plus de trois cents poètes,
Dix-sept hommes d'Etat, trente trois-généraux,
Vingt mille hommes d'esprit et trois ou quatre sots...

C'était faire ses adieux au lycée Bonaparte avec esprit et bonne grâce. Le choix de la carrière était trop naturellement indiqué à A. Feugère pour qu'il eût à hésiter longtemps. En 1863, il se présentait à l'Ecole normale supérieure.

III

A. Feugère était admis cette année même dans les premiers rangs, et en peu de mois il prenait le premier qu'il ne quitta plus. Entre autres souvenirs de cette époque, il nous a été raconté qu'il avait, à l'examen de la licence, composé une pièce de vers latins, dont la très-pure latinité et le vif sentiment poétique avaient frappé ses juges. C'était à peu près en ces termes que le sujet avait été indiqué : « Ruisseau, pourquoi fuis-tu la prairie et les ombrages des lieux qui t'ont vu naître pour courir, perdant ton nom, te confondre dans la mer ? Tel l'ambitieux qui, au lieu de mener une vie douce pour lui et utile aux autres, a mieux aimé se jeter dans les eaux troublées de la vie publique. » Sur ce motif, A. Feugère écrivait en quelques heures ces vers d'un accent si juste et d'une touche si délicate :

Rivule, qui tenui tenues in limite fluctus
Per lætas segetes, per florea prata trahebas,
Populea sub fronde loquax, quis te novus aufert
Error præcipitem ? Per saxa fragosa superbus
Undarum spumas tollis mutatus inanes
Ridendasque minas. Cur jàm natalia rura
Et secura pigri spernis declivia cursus,
Fortunæque novæ cupidus, prorumpis in amnem
Immensum exiguus ? Subito te vortice raptum
Sorbebit fluvii gurges communis ; in altum
Te pelagus fretaque horrisonis agitata procellis
Vis violenta trahet. Votis majora petebas
Imprudens ; etiam amittes ignobile nomen :
Nil eris ! O ubi jàm mixtum cum murmure murmur
Arboreo, dum lambit aquam frons pendula loti,
Dum liquidas miscent avium gens garrula voces !
At properas surdus ; mea nil te verba morantur ;
Unda novum per iter læta exsilit, emicat, ardet.
Quam lentum mœste deceat traxisse tenorem !
  Quisquis es, obscuræ qui prima oblivia vitæ
Fastidis, meliora petens, sortisque futuræ
Inscius et cupidus, te rivulus admonet, audi !
Vita fluebat adhuc ignoto flumine felix :
Te juvenem in templis Sapientia sancta serenis
Pane aluit solido, te sedula fovit alumnum ;
Te fore præsidium, te propugnacula veri
Sperabat ; poteras securos degere vitæ,
Ipse tibi felix, aliis simul utilis, annos.
At vanæ ingenti laudis correptus amore
In pelagus mavis vastum et loca turbida ventis
Impete præcipiti decurrere : fervidus, amens,
Per strepitum et stulti contraria murmura vulgi
Sponte ruis ; te jàm rapido vorat æquore vortex :

Conscius erroris, velles subsistere; mœste
Respicis, incassum : te vitæ prima voluptas
Fugit, et clusit laus exoptata petentem.

L'un de ses juges, M. Egger, latiniste délicat
entre tous, fut piqué au jeu en lisant cette pièce;
il traita le sujet de son côté, mais n'étant pas arrivé à se satisfaire, il dit gracieusement au jeune
candidat : « J'ai composé avec vous. Eh bien! je
ne suis pas le premier. »

Mais A. Feugère, à l'Ecole normale, fit plus
que soutenir les brillants succès du collége : il se
montra tel qu'il était, simplement et fermement
religieux. Catholique de cœur, il le voulut être de
fait, et il pratiquait sa religion tout ensemble avec
tant de discrétion et tant de liberté, il conformait
tellement sa vie à ses principes, qu'il conquit au
respect de ses croyances ceux même qui les par-
tageaient le moins.

C'était un camarade si charmant, si indulgent,
une de ces âmes qui, d'ordinaire, prennent soin de
garder pour elles toute l'austérité de la vertu, et de
n'en laisser paraître au-dehors que la douceur.
Néanmoins il savait se défendre. Pourquoi ne
dirais-je pas que, dans les premiers jours de son
séjour à l'école, il fut surpris dans l'accomplisse-
ment d'un acte de piété qui étonna certains de ses
camarades? Il y eut quelques sourires, quelques
plaisanteries. Notre jeune pratiquant n'en fut point

ému. Seulement, quand il eut fini sa prière, il rendit aux rieurs ce qui appartenait aux rieurs ; et comme l'esprit en France a toujours raison, et qu'il en avait du meilleur, la bonne cause triompha. Personne, depuis, ne songea plus à lui reprocher de la servir.

Au mois de juillet 1864, il avait été reçu le premier à la licence ès-lettres. Il n'était plus élève en quelque sorte, il n'était pas encore professeur.

De riches familles cependant se disputaient déjà les courts loisirs de ses vacances, heureuses de donner à leur fils moins un répétiteur qu'un sûr compagnon et peut-être un ami. C'est ainsi qu'en 1865, avec la duchesse de Galiera et son fils, il visita la Suisse et l'Italie. Ce voyage, qui lui laissa d'aimables et reconnaissants souvenirs, fut aussi un précieux complément pour ses études, et ses impressions prises sur le vif, jetées dans des lettres écrites sur le pont d'un bateau ou au coin de la table d'un hôtel, n'en ont que plus de fraîcheur.

Une étape forcée le retint à Genève. Ce qu'il dit de la ville marque bien la finesse de son esprit observateur :

« La ville de Calvin perd tous les jours de cet aspect raide et protestant qui l'attristait un peu, surtout le soir. La corruption catholique, comme disent les riches banquiers qui forment l'aristocratie génevoise et qui sont restés puritains au fond de l'âme, a pénétré jusque dans les boutiques des marchands, et a introduit dans les étalages ce luxe, cet éclat, cette profusion d'objets, qui rappellent les boulevards les plus fréquentés de la nouvelle Babylone. Il est vrai, qu'à côté de ces belles boutiques, on en voit d'autres sévères, où travaille toute une bonne famille silencieuse, enfin vraiment puritaine. Ce mélange est très-remarquable maintenant à Genève. Les populations catholique et protestante sont presque en équilibre dans la petite république, et il est curieux qu'en arrivant dans la métropole du calvinisme, le premier monument qui frappe les regards soit une belle église catholique. »

Mais le séjour dans cette ville se prolonge. A. Feugère, qui est avant tout l'homme du foyer, se prend à regretter, même en face du spectacle des Alpes, la petite maison de Nanterre et celle de Rueil, où la famille et l'amitié lui réservent de si doux accueils.

« Je ne suis pas né voyageur, écrit-il à son plus cher confident; si le mouvement cesse, la distraction cessera aussi, et j'ai peur de commencer à m'ennuyer. Je compte sur tes lettres et sur celles que m'écriront tous ceux qui s'intéressent à moi pour me faire passer quelques bons moments. J'en sens le prix. »

L'Italie vient de s'épanouir à son regard. Il a traversé les gorges sévères du mont Cenis. La nuance de tristesse se dissipe ; la curiosité se réveille, et, tout entier à l'admiration, il ne songe plus qu'à poursuivre sa route sur la terre privilégiée des souvenirs. Il séjourne à Turin, juste le temps de juger cette capitale détrônée, qui lui semble trop moderne, trop bourgeoise, et manquant trop de cet élément populaire qui donne tant de caractère aux anciennes cités.

A Turin, comme partout, il est étonné de trouver aux églises je ne sais quel air de musée auquel il ne s'accoutume pas :

« Nous autres, hommes du Nord, Goths et barbares, comme quelques chauvins nous appellent encore ici, habitués à la sévère nudité des grandes basiliques du moyen-âge, nous éprouvons, dans ces splendides palais que les Italiens ont construits à Dieu, un sentiment de gêne et presque de mécontentement, et puis, quand nous contemplons le goût parfait qui règne, en somme, au milieu de ce luxe, quand nous regardons de plus près cette architecture chargée sans être lourde, il faut bien convenir que l'admiration accordée par les siècles aux églises de l'Italie n'est pas usurpée. »

Il lit sans trop de peine les journaux italiens; mais la rapidité du langage et l'accent tonique le troublent un peu. Il ne saisit que quelques mots à la dérobée. D'ailleurs, il n'a tenté encore qu'une conversation monosyllabique avec un cocher de Novi, ville où l'on ne parle pas, à vrai dire, l'italien, mais un dialecte capricieux et bâtard, où le français et même l'allemand se mêlent à l'élément national.

Il gagne Gênes, où le *Palais rouge* le reçut au

milieu de ses splendeurs artistiques. C'était la résidence des *Brignole-Sale,* ces illustres ancêtres de Mme la duchesse de Galiera, qui compte parmi eux plusieurs doges.

La couleur italienne manquait à Turin ; elle éclate, au contraire, dans l'antique ville des Doria et des Spinola :

« Gênes a conservé ce que tant de villes sont en train de perdre, même en Italie : le caractère. Construite autour de son admirable port creusé par la nature, et qui forme une circonférence presque complète, située sur le penchant de collines dont le pied baigne dans la mer, bariolée de mille couleurs, dominée par des clochers et des dômes de toutes sortes, elle offre l'aspect le plus original et le plus varié. On a de la peine à croire que cette curieuse ville soit à quelques lieues de la France et à quatre heures de Turin. On l'imaginerait plus voisine de Bysance que de Marseille. Mais si vous entrez dans une église ou dans un palais, vous voilà bien en Italie. Des marbres de toute couleur, des fresques aux plafonds, des tableaux de grands maîtres suspendus aux murs, partout la magnificence et l'art. C'est quelquefois un peu chargé ; des styles différents et inconciliables se mêlent ; le goût n'est pas toujours respecté ; le clinquant est à côté de l'or ; mais rien n'est banal. »

Il cherche à étudier le pays sous toutes ses faces. Des élections se préparent. C'est une occasion pour lui d'apprécier l'état des esprits et la grande bataille que les partis vont se livrer. Il constate, en le déplorant, que l'*Unità cattolica,* l'organe le plus absolu du parti catholique, semble prêcher « le système d'abstention, » condamné par tant d'expériences, dont les seules dupes sont ceux qui le mettent en pratique, et qui n'aura cette fois d'autre résultat que de faire paraître, en Europe, le parti catholique italien beaucoup moins fort et moins nombreux qu'il ne l'est en réalité.

Le jugement qu'il porte sur le parti constitutionnel ministériel, « qui voudrait ne paraître ni trop révolutionnaire aux catholiques, ni trop modéré aux révolutionnaires, et qui semble assez gêné, » est curieux à plus d'un titre.

« Ce parti, dit notre voyageur, voit qu'il lui faudrait un triomphe complet, car une victoire douteuse serait pour lui une défaite; mais, en attendant, il prend des mesures et publie des manifestes que tout homme désintéressé et honnête doit condamner. Par exemple, dans une statistique des ordres religieux enseignants (on s'occupait alors, en Italie, comme aujourd'hui en France, de ces sortes de statistiques), le parti ministériel conclut à la suppression de ces ordres, en cherchant seulement à démontrer qu'ils ne servent plus à rien. Voilà qui ne constitue pas le droit de leur enlever leurs biens et de confisquer, au profit de l'Etat, la liberté d'enseignement. Mais le droit est apparemment peu de chose pour ces Messieurs. Cette question : Est-ce juste? est-ce légitime? les ferait sans doute sourire, et ils ne la soulèvent même pas. Pourquoi donc ne pas dire alors à tous les vieillards : Vous ne servez plus à rien ; vous n'êtes qu'un embarras, nous allons délivrer la société de votre inutile présence; le raisonnement serait tout aussi juste. »

Il profitait ainsi des loisirs d'un préceptorat, dont les plus délicates attentions allégeaient les charges, pour se livrer aux divers genres d'étude qui sollicitaient sa curiosité dans un milieu si neuf pour lui.

Devenu libre à la fin de septembre, il résolut de consacrer le mois d'octobre à visiter Florence, Rome et Naples. Il se rendit donc de Gênes à Pise par la route de la Spezzia. A Pise, il trouva cette Cathédrale toute rayonnante de foi et d'amour, la Tour penchée, ce Campo-Santo, ces beaux anges de Ghirlandaio et de Benozzo Gozzoli, et ce ciel incomparable que remplissait encore pour lui d'un attrait plus touchant le souvenir d'Ozanam mourant.

Sa correspondance, dont par malheur nous n'avons pu retrouver une partie, s'interrompt jusqu'à Rome. De là, il écrit à son cousin, M. Gaston Feugère, pour le féliciter de son mariage, et, en exprimant le regret de n'y pas assister, il lui envoie du moins ses vœux les plus tendres :

« C'est pour le voyageur un plaisir mélancolique, mais très-doux que de penser au bonheur de ceux qu'il a laissés dans la patrie. Je l'ai éprouvé en songeant à toi. Je crois que, partout ailleurs qu'en Italie, le mal du pays me ferait vite souffrir. »

Mais en Italie, comment une âme aussi sensible au beau, aussi bien préparée à en comprendre toutes les expressions, ne se fût-elle pas crue dans sa vraie patrie?

« Je vois tant de choses, et de si belles, que ces vilaines influences n'ont pas le temps de s'appesantir sur moi et passent seulement de temps en temps comme de légers nuages. Les poètes n'ont pas surfait l'Italie, et je comprends que les païens l'aient regardée comme une terre privilégiée des Dieux. L'esprit n'y est jamais en disette; vers quelque objet qu'il se sente porté, il est satisfait. Etes-vous archéologue et historien? l'Italie vous montre ses ruines, vivants souvenirs. Etes-vous artiste? Michel-Ange et Raphaël l'ont remplie de leurs chefs-d'œuvre. Etes-vous théologien ou seulement curieux des grandes traditions religieuses? c'est la terre natale du catholicisme, et vous trouvez, dans Rome seule, autant de belles basiliques que dans vingt villes de France réunies. Vois plutôt l'occupation d'une seule de mes journées. Ce matin, j'étais au Forum; je contemplais les débris de la Curie-Hostilie, ceux du temple de Jupiter tonnant, les arcs-de-triomphe de Titus et de Septime Sévère, la monstrueuse ruine du Colysée. Je parcourais ces grands restes, regrettant de n'avoir pas entre les mains mes vieux auteurs classiques que ces monuments m'auraient fait plus vivement comprendre et qui m'auraient aidé à comprendre ces monuments. Un peu plus tard, je me trouvais une fois encore à Saint-Pierre et je frappais à la porte d'un prélat romain pour obtenir une audience de Pie IX. Plus tard enfin, je visitais la chapelle Sixtine et je me laissais aller aux fortes impressions que donne le terrible *Jugement dernier* de Michel-Ange. Rome, maussade et triste les premiers jours, vous attache ensuite par de merveilleux attraits. Il n'y a qu'une Rome au monde, mais il n'y a aussi qu'un Paris, et ce sera sans regret que

je quitterai le Corso et la Voie-Sacrée pour revoir mes
Champs-Elysées et ma rue Godot de Mauroi, voire ma rue
d'Ulm. »

A chaque pas, le lettré a des joies et des admirations nouvelles. L'observateur, moraliste à la
rencontre, dit aussi son mot fin et juste. Dans sa
visite au mont Palatin, en face des ruines du
palais des Césars envahissant la majeure partie
de la colline qui avait contenu toute la Rome de
Romulus, et qui suffisait à peine à loger le maître,
il se demande si chaque empereur se croyait
obligé d'ajouter quelque chose à la demeure de
ses prédécesseurs, ou si plutôt « les princes ne
ressentaient pas la nécessité d'occuper une multitude oisive, misérable, par conséquent menaçante. »

« Rien n'est nouveau, ajoute-t-il, sous le soleil, et peut-être
certains gouvernements d'aujourd'hui, entraînés par cette
préoccupation à développer outre mesure les travaux publics,
ne font que suivre la politique des anciens Césars. »

Si grande qu'elle lui apparût, la Rome païenne
ne pouvait effacer, aux yeux d'A. Feugère, la Rome
des chrétiens. Il visite les plus belles de ses trois
cent soixante églises. Il remarque le caractère de
sévérité qui distingue Saint-Jean de Latran. Sainte-
Marie-Majeure et Saint-Paul l'éblouissent par la
variété, la richesse et la profusion des marbres.

Incendiée eu 1823 et reconstruite par les derniers papes, la basilique de Saint-Paul est presque neuve. Il admire le pavé de ce temple, immense miroir où se reflètent les colonnades et le plafond doré, les cinq nefs, soutenues par de beaux piliers de granit. Mais avec cet esprit curieux qui lui est propre, il remarque surtout ces quatre colonnes d'albâtre égyptien qui supportent le magnifique baldaquin en bronze doré du maître-autel.

« Devinez qui a donné ces colonnes, écrit-il ? — le bey d'Egypte. Et les colonnes de marbre rose et jaune qui soutiennent les autels des transepts sont des présents de l'empereur Nicolas. Mahométans et schismatiques ont donc contribué à la reconstruction de cette très-orthodoxe église. »

Saint-Pierre, cette cathédrale du monde entier, où il va tous les jours entendre la messe, l'émeut encore davantage

« On comprend, dit-il, l'immensité de cette basilique, quand on voit que ses seules parois contiennent tant de corridors, d'escaliers et de chapelles. D'en haut, on embrasse le vaste ensemble de Saint-Pierre et l'on jouit d'une vue étendue sur la ville et la campagne romaine. On monte jusque dans la boule de fer qui surmonte la coupole et qui est elle-même surmontée de la croix. D'en bas, cette boule est grosse comme une tête d'épingle : dix-sept personnes y sont à l'aise. Quel prodigieux édifice ! C'est vraiment la tour de Babel, mais élevée à la gloire de Dieu ! »

Le 14 octobre, admis seul au Vatican par un

heureux hasard, dans l'intervalle qui sépara l'audience de deux grands personnages, il reçoit du Saint-Père, qui daigna l'interroger sur lui-même et sa famille, une bénédiction particulière pour lui et les siens. Aussi, quand il parle de « cette physionomie douce et en même temps fine et pénétrante qui lui fit accueil, » on sent bien qu'il avait emporté dans le cœur cet ineffaçable souvenir que tous les pèlerins de Rome ont gardé de Pie IX.

Le court séjour qu'il fit à Naples fut troublé. La menace du choléra détermina une mesure qui lui fermait le retour par les Etats pontificaux. Il dut revenir par mer. Il s'en console pourtant et c'est à bord du *Principe Oddone* qu'il écrit ses dernières impressions :

« Naples et Pompéi ont des spectacles que toutes les quarantaines du monde ne me feront jamais regretter d'avoir voulu connaître. Il est impossible d'imaginer un lieu plus favorisé du ciel que cette campagne et ces environs de la vieille Parthénope. On éprouve un sentiment de joie intérieure, on sent renaître en soi le courage, lorsqu'au sortir des tristes campagnes romaines, on entre dans ces vallées aux pentes douces, couvertes d'oliviers où s'entrelacent les gracieux festons de la vigne. Voilà bien l'Italie qu'a célébrée Virgile, la terre de Saturne *alma parens frugum*. La végétation y est, non pas très-grandiose d'aspect, mais d'une incroyable fécondité. On pourrait la comparer à ces Dianes d'Ephèse qu'on a trouvées en grand nombre à Pompéi et à Herculanum, et dont tout le corps est couvert de petites mamelles pleines et serrées.

« Les amateurs des grandes forêts druidiques ne trou-
veraient pas leur compte dans le midi de l'Italie. Les grands
chênes n'y sont pas nombreux ; mais les champs sont couverts
de petits arbres productifs et pressés. La devise de la nature
dans le Nord semble être : beaucoup de terre pour peu
d'arbres. Dans le Midi, c'est beaucoup d'arbres pour peu de
terre. Et lorsque ces arbres sont des citronniers, des aman-
diers, des oliviers, des orangers, on pense quel aspect original, varié et nouveau pour nous se présente à nos yeux. Je
ne parle pas de ce golfe de Naples, si large et si beau dans
son ensemble, si charmant dans les baies et dans les anses
qu'il forme lui-même, depuis le golfe de Baïa jusque dans la
mer de Sorrente, depuis Ischia jusqu'à Capri. Je comprends
que les Lamartine aient trouvé en ces lieux leurs inspirations
à la fois les plus suaves et les plus chaudes ! C'est aussi beau
que la Suisse, mais d'une tout autre beauté ! C'est une
Suisse rayonnante et dorée.

« Un autre genre de curiosités m'attirait du côté de Naples.
Pompéi m'a semblé un excellent et presque nécessaire
couronnement du voyage classique où je suis engagé. C'est
un bon point dans une carrière universitaire et littéraire que
d'avoir vu ce que l'antiquité nous a laissé de plus vivant.
A Rome, on est saisi par la grandeur des souvenirs. Mais il
faut travailler de mémoire et d'imagination pour rendre aux
ruines de la Ville éternelle la grandeur qui leur appartient,
pour mettre la Rome des Césars à la place de la Rome des
papes. A Pompéi, on n'a qu'à ouvrir les yeux pour voir, dans
leur réalité, les usages et les mœurs des contemporains de
Vespasien. On entre comme de plain-pied dans la vie romaine.
Ce n'est plus à travers l'obscurité des textes, ou grâce à des
commentaires plus obscurs encore, que l'on apprend à connaître les choses des temps passés. Mais on a sous les yeux
le commentaire le plus clair et le plus saisissant des vieux

auteurs. Avec tous les livres du monde, tous les diction-
naires, je n'avais jamais bien pu me diriger dans une maison
romaine. Je n'aurais pas parié de ne jamais confondre
l'atrium avec le péristyle, et il aurait pu m'arriver, comme
aux paysans inexpérimentés, d'entrer dans une chambre à
coucher ou dans un boudoir (*venereum*), en croyant aller
prendre place au dîner sur les lits du *triclinium*. Maintenant
que j'ai parcouru à Pompéi plus de cinquante habitations
antiques, j'espère ne plus commettre de pareilles bévues. Ces
mœurs anciennes sont si différentes des nôtres, cette vie toute
passée au forum et au grand air ressemble si peu à notre
train de vie, qu'on est tout heureux de se convaincre par ses
yeux que tout ce qu'on en a dit est la vérité vraie. Je crois
qu'en étudiant mes auteurs, puisque c'est une étude que je
dois faire toute ma vie, j'aurai plus d'une fois à tirer bon
profit de ma visite à Pompéi. Quel précieux morceau le Vésuve
nous a fidèlement conservé !

« A mon retour, je lirai ou consulterai quelques livres
pour éclaircir, sur Pompéi comme sur Rome, quelques
points douteux, et je le ferai, je crois, avec un vrai plaisir.
Il n'y a rien pour nous attacher à l'antiquité comme de la voir
ressuscitée sous nos yeux. Je suis devenu fort curieux de tout
ce qui regarde le latium primitif depuis que j'ai visité la
campagne romaine, et qu'à Rome j'ai relu, avec un intérêt
tout nouveau et avec une admiration que je n'avais pas encore
ressentie, le septième et le huitième livre de l'Enéide qui
cachent sous leur poésie une si profonde érudition. N'eussé-je
tiré de mon voyage qu'un plus fort penchant et une plus vive
curiosité pour les choses antiques, je ne croirai pas avoir
perdu mon temps. »

Un esprit si vif, si attentif à ne rien négliger
de ce qui agrandit son horizon intellectuel, devait

être prêt, on le suppose, à toutes les luttes universitaires. Et, en effet, au mois de septembre 1866,
il obtenait le premier rang dans le concours de
l'agrégation des lettres.

A. Feugère n'était pas de ces jeunes gens (il
s'en rencontre) qui se croient supérieurs aux
devoirs d'un modeste enseignement. Envoyé au
Puy comme professeur de rhétorique, il tient à
remplir sa tâche avec tout le zèle et toute l'exactitude qu'il lui doit; il prend à cœur « de développer des intelligences ensevelies au fond de l'Auvergne. » Chargé de la conférence des maîtres d'étude
qui se préparent à la licence, il trouve une occasion nouvelle d'exercer sa passion de corrections
minutieuses et d'explications plus approfondies
que celles de la classe. Mais c'est au prix de beaucoup de temps. Il était difficile de se remettre au
travail après les longues heures données au lycée.
Pendant les premiers mois, il dut sacrifier ses
études personnelles. Cela le désolait. En vain
essayait-il de s'y livrer les jours de congé. Dans
un pays si pittoresque, le beau temps et ses
collègues conspiraient à l'éloigner de chez lui.
Tout n'était pas si grande perte de temps qu'il
le voulait dire dans ces longues promenades, au
milieu des montagnes de cette sauvage contrée.
L'homme attentif travaille partout. Il sait tirer
de toutes les circonstances une occasion nouvelle

d'enrichir ses connaissances. Plus tard, devant son auditoire du collége de France, le souvenir de ces courses ne sera pas inutile au jeune professeur. Ainsi, étudiant les Mémoires de Fléchier sur les Grands Jours d'Auvergne, il rappellera avec esprit une des impressions de ce séjour :

« Je me trouvais dans un pays très-voisin de l'Auvergne, dans le Velay, où il y eut aussi des Grands Jours. Je visitais les ruines imposantes encore du château seigneurial d'une des plus vieilles familles de cette région montagneuse, mais si caractéristique, si intéressante et par les beautés de la nature et par les souvenirs de l'histoire ; je visitais les ruines du château de Polignac, auprès du Puy. J'avais fait l'ascension, car c'en est une, du pic rocheux et solitaire sur lequel s'élèvent ces ruines. J'essayais de m'orienter dans le dédale des murs couverts de lierre et de ronces, des vastes salles, à demi-croulées ; j'admirais la hauteur de la grosse tour carrée, qui se dresse presque intacte, ayant résisté aux ravages du temps et aux fureurs plus destructives encore des hommes et des peuples ; je pensais à ce qu'il avait fallu de labeurs, de travaux, de sueurs, pour hisser, jusqu'au sommet de ce pic, les pierres de ces murs et pour y élever ces robustes constructions ; je voyais tout au bas, tout au pied du roc, sous mes pieds, les humbles chaumières des paysans du vallon que quelques pierres, qu'on ferait rouler du haut de ce pic, suffiraient à broyer ; j'apercevais quelques-uns de ces paysans labourant leurs champs, disputant de maigres moissons à un sol pauvre et aride. Je me demandais ce qu'aurait été la condition de ces hommes attachés au sol, alors que ces miraculeux donjons étaient habités par les rudes et farouches seigneurs qui les possédaient autrefois. Et pour compléter ce tableau, j'aperçus, oh! quelque chose de bien simple, de bien accoutumé pour nous, et vous allez peut-être sourire à ce souvenir; j'aperçus deux gendarmes qui chevauchaient le long d'un sentier, comme dit une chanson célèbre. Ce ne fut pas, pourtant, je vous assure, la chanson qui me revint à la pensée, en ce moment-là. Non, mais il m'était impossible de ne pas rêver à ce qu'il avait fallu de transformation, de bouleversements, de progrès et de ruines pour passer de cet état social où le territoire était hérissé de châteaux, comme celui dont je touchais les débris, de châteaux habités par de puissants seigneurs, exerçant le droit de haute, basse et moyenne justice, et puis, cet autre état social, où du centre aux extrémités, d'un bout à l'autre de la France, le même uniforme fait respecter partout les mêmes lois. Il me fut impossible de ne pas songer à tout ce qui se cache d'histoire sociale et politique dans l'identité même des mots, de ne pas comparer par la pensée ce qu'étaient les gens d'armes du moyen-âge, ceux qui étaient sortis mille fois de cette forteresse, quelquefois pour protéger, souvent, peut-être, pour exercer des rapines et des violences avec ces autres gendarmes que j'avais sous les yeux. Je me disais que ceux-ci n'étaient plus les représentants de la justice du roi, mais les représentants de la loi civile commune à tous; qu'il n'y avait plus besoin maintenant des Grands Jours, ni d'assises extraordinaires; que ce qui était autrefois une exception bienfaisante était devenu la règle salutaire et protectrice; et, dans ce contraste, dans ce spectacle de ces paysans, travaillant leurs champs sous la protection d'une force publique partout la même, au pied de ce château fort pantelant et à demi-ruiné par les révolutions, il me semblait que toute l'histoire de mon pays était-là. »

A. Feugère, malgré ces distractions utiles, avait

hâte d'appliquer ses forces à quelque grande étude. La préparation du doctorat ès-lettres lui en fournit l'occasion. Plusieurs sujets le tentaient; son choix s'arrêta enfin à une étude sur *Bourdaloue et son temps,* et ce fut surtout le conseil de son père qui l'y décida, comme il l'a délicatement rappelé dans la préface du livre qu'il publia plus tard. Cette déférence n'était pas seulement le témoignage de son amour filial; elle marquait une confiance qui ne s'affaiblit jamais envers celui auquel il aimait à rapporter les meilleures qualités de son esprit, comme il lui devait les exemples qui étaient la règle de sa vie morale.

Le choix d'un pareil sujet était d'ailleurs singulièrement heureux. Aucun travail d'ensemble n'avait encore été fait sur celui dont Bossuet avait dit : « C'est notre maître! » et qui fut appelé magnifiquement « le roi des prédicateurs et le prédicateur des rois. » Mais ce ne fut pas seulement cette raison qui détermina le choix d'A. Feugère. L'étude de Bourdaloue rentrait dans cette unité de vie chrétienne qu'il cherchait en toutes choses. Il allait pouvoir pénétrer profondément dans ce siècle qui l'avait toujours attiré, et il allait y pénétrer avec l'un des hommes qui ont le plus travaillé à donner à ce siècle son caractère de véritable grandeur.

Au moment de se mettre à l'œuvre il écrivait à un ami :

« Ce sujet exige peu de recherches ; il demande surtout une étude complète et attentive de l'œuvre même, étude qui peut se faire partout, et m'offre ce grand avantage d'être assez nouveau, tout en me plaçant dans une époque que je connais et dans un ordre d'idées qui m'est assez familier. Il y aura pourtant bien des points d'érudition et de curiosité qu'il sera nécessaire de traiter. Je profiterai de mes voyages à Paris pour mettre le nez dans la collection du *Mercure Galant* ou de la vieille *Gazette de France* ou des autres journaux contemporains, qui sont à la bibliothèque impériale ou à celle de l'Arsenal, et qui me permettront, peut-être, d'apporter un peu d'ordre dans les sermons de Bourdaloue (ce qui n'a jamais été fait) et aussi, ce qui serait assez intéressant, de distinguer et d'expliquer quelques-unes de ses allusions si recherchées alors, et dont nous savons qu'il ne se privait pas. Enfin, c'est un sujet qui n'est pas stérile et dont j'espère tirer quelque chose. »

Partagé entre ses travaux personnels et sa classe, distrait par de magnifiques excursions, A. Feugère, s'il n'eût été loin des siens, aurait mené l'existence la plus heureuse dans « ce pays d'Auvergne, décidément un beau pays où les indigènes sont moins sauvages que la renommée ne le prétend. » Et il se consolait aisément de n'avoir « ni habit à endosser, ni visites à rendre, ni soirées à bâiller. »

« Le préfet, ajoute-t-il, n'ouvre jamais ses salons. Nous y gagnerons en liberté, et je ne trouve pas ici cet esprit de médisance, d'espionnage et de coterie que les petites réunions fréquentes développent si souvent dans la province. En somme, le séjour est agréable et la vie facile... Je n'ai qu'un chagrin, celui de me voir si éloigné de ma famille et de mes amis. »

Il devait être bientôt et largement consolé des tristesses de l'éloignement.

Après une année de séjour au Puy, au début des vacances de 1867, il n'eût tenu qu'à lui de dire un adieu définitif à la province, et un esprit moins ferme n'eût pas aisément repoussé l'avance imprévue que la fortune semblait faire à sa jeunesse. Le général Frossard, sur la bienveillante indication de M. Duruy, ministre de l'Instruction publique, offrit à A. Feugère le préceptorat du Prince impérial. Il aimait trop la liberté de son travail, surtout il avait de lui-même trop de défiance pour que l'éclat d'une situation pût un instant lui en cacher les servitudes et les devoirs. Il refusa avec une modestie sincère, et ce fut alors qu'on l'envoya en rhétorique à Grenoble à la place de M. Filon, appelé à devenir, par un choix que son mérite justifiait, le précepteur du fils de Napoléon III.

A Grenoble comme au Puy, il fut vivement apprécié. L'estime même que l'on faisait de son talent et de sa personne faillit le retenir dans le Dauphiné plus longtemps qu'il ne le souhaitait, à un moment où de chers projets l'invitaient à le quitter.

Le moment, en effet, est venu pour nous d'ouvrir une des pages intimes les plus douces de la vie d'A. Feugère. Une âme si tendre ne pouvait tarder à en rencontrer une autre qui lui répondît, et ce fut son cousin, son frère de cœur, M. Gaston Feugère qui eut l'heureuse inspiration de la lui indiquer. Mlle Céleste Demante était digne d'apprécier le cœur et l'esprit d'A. Feugère. Fille de l'honorable professeur à la Faculté de Droit de Paris, petite-fille de Mme Guinard, dont les qualités poétiques faisaient dire à Villemain qu'elle était « une âme qui a du talent, » Mlle Demante avait perdu sa mère presque à sa naissance, mais la Providence lui avait redonné deux mères, l'une dans la femme dévouée qui avait refait à son père un foyer, l'autre dans la propre sœur de son père, qui, privée elle-même d'enfant, avait reporté sur celle que la mort semblait lui léguer, tous les trésors d'une âme tendre et vaillante.

La première entrevue fut décisive. Ces deux âmes s'étaient merveilleusement comprises. A. Feugère était venu avec l'émotion d'un premier rêve qui s'ébauche, il retourna à Grenoble avec le sentiment doux et grave que sa vie venait d'être fixée. Aux vacances de Pâques, il fit un nouveau voyage, et cette fois il poussa jusqu'à la jolie ville de

Louviers, en Normandie, où Mlle Demante avait passé une grande partie de sa jeunesse, auprès de sa tante qui la disputait souvent à l'affection de son père. Ces lignes intimes diront assez quelle fut la douceur de ces quelques jours et le regret du départ :

« Pendant que la vapeur m'emportait, trop vite, hélas! et trop loin, écrit-il, je me promenais en imagination, sur les bords d'une rivière de Normandie, dans une île, sous de grands platanes; je revoyais tous les coteaux d'alentour, la pelouse verte, la cabane rustique à la pointe de l'île et jusqu'aux laveuses indiscrètes. J'entendais encore et j'écoutais, sans me lasser, une conversation toute gracieuse où rien ne m'était indifférent. C'est au milieu de ces souvenirs que s'est passé tout mon voyage. Le sommeil même venait me surprendre sans m'en distraire : rêve ou pensée, toujours le même objet occupait mon esprit. »

On comprend que « les beaux couchers de soleil du pays de Grenoble lui faisaient moins de plaisir que le plus nuageux de la Normandie. » Même occupée, la solitude lui pesait. Il n'avait jamais si bien compris la force de cette expression *être seul;* car il n'avait jamais eu de si bonnes raisons pour la sentir :

« Un seul être nous manque et tout est dépeuplé. »

Cependant, une entreprise d'un autre genre était tentée par les amis des deux familles. Une place allait être vacante au collége Stanislas. On la sollicitait pour le professeur de Grenoble, et, un haut fonctionnaire de l'Université, M. Danton, s'intéressa au succès d'une affaire qui tenait fort à cœur, on le comprend, aux deux fiancés et à leurs familles.

Trois mois devaient s'écouler avant les vacances. Anatole et sa fiancée s'écrivaient chaque semaine, et l'échange de leurs impressions adoucissait les rigueurs de la séparation :

« Mon plus grand bonheur, écrivait A. Feugère, après celui de partager vos plaisirs, est de savoir que vous en avez. »

Un jour, c'est une petite fleur qui s'est épanouie à sa fenêtre et qu'il envoie :

« Elle est laide et chétive, elle vous arrivera toute séchée. C'est seulement dans le cœur qu'on trouve des fleurs qui ne se fanent pas. »

Mais il faut qu'il s'arrache aux charmes de ses rêves pour composer le discours qu'il est chargé de prononcer à la distribution des prix.

Mlle Demante le presse d'en arrêter le sujet. Il le fit sur *la lecture*. Il en soumet le plan à sa fiancée, qui l'approuve. Il semble cependant que des pressentiments tristes se soient presque aussitôt mêlés à des joies si innocentes. Mlle Demante parle de l'impression que vient de lui causer un orage :

« L'orage avait commencé à me mettre en disposition méditative, et le coucher de soleil a achevé. Je trouve que rien n'élève l'âme comme ces beaux spectacles de la nature. Si Dieu nous montre de si belles choses sur la terre, que sera-ce donc dans le ciel? Cependant, quelque beau qu'il soit, je n'ai pas envie d'y aller encore de sitôt. La terre me paraît trop belle. »

Dans une autre circonstance apparaît la même défiance du bonheur de cette terre. Le 17 juillet, A. Feugère avait fait avec quelques amis une excursion sur un pic élevé qui domine Grenoble. Il y courut des dangers. Il l'avait raconté dans une lettre, et Mlle Demante effrayée avait fait tout le jour des réflexions inquiètes où elle avait cherché le détachement de ses rêves.

« Savez-vous, répond son fiancé, que je serais désespéré de vous avoir inspiré, par ma dernière lettre, des pensées de détachement comme celles que vous vouliez avoir pendant les vêpres, dimanche dernier? Heureusement, que vous ajoutez que vous n'avez pas réussi! Le véritable détachement est de renoncer à tout ce qui n'est pas pleinement conforme aux vues de Dieu. Mais pourquoi vouloir se détacher des choses que lui-même a placées dans la vie, pour la rendre aimable et bonne? Vous m'avez toujours dit que vous aviez un peu de préférence pour les saints, qui sont restés dans le monde et n'ont pas été abbés ou moines : j'espère que vous ne changerez pas maintenant. »

Elle répondit aussitôt :

« Vous pouvez être très-rassuré sur mes pensées de détachement ; elles n'ont jamais été aussi grandes que vous paraissez le craindre. Je tâchais seulement de ne pas oublier qu'en ce monde tout passe bien vite, et qu'il fallait toujours se tenir prêt à quitter tous ceux que nous aimons, si Dieu le voulait. »

Dieu le voulut, en effet ; mais sa bonté couvre l'avenir d'un voile, se réservant de nous donner les forces dont nous aurons besoin, à l'heure des grandes épreuves.

Il y eut quelques retards apportés au mariage. A. Feugère en souffrit ; son cousin Gaston console par un mot gracieux son impatience :

« Des deux côtés, on sent qu'on va donner un trésor et les familles n'aiment pas à se déposséder. »

Le sentiment qui dictait cette rassurante intervention était de nature à toucher A. Feugère. Il répondit :

« Je te remercie de tout mon cœur, et je t'assure que je te rends bien ton affection. Tout me plaît en toi, ton cœur et ton esprit, et, si nous n'étions pas si proches, par le sang, je n'aurais jamais souhaité un ami meilleur que toi. »

La correspondance avec Louviers se continuait. Que de lettres touchantes, pleines de ces mille délicatesses de sentiment qui ne s'analysent pas, mais qui enchantent ! C'est le mot toujours fin et vrai, c'est une tendresse qui caresse sans flatter.

La pensée et l'expression restent sincères jusque dans ces compliments où l'amour se laisse si aisément entraîner à l'exagération. Il a un culte pour sa bien-aimée; mais par cela même qu'il l'aime profondément, il croit qu'elle s'intéresse à tout ce qui le touche. Aussi veut-il qu'elle n'ignore rien de sa vie : épreuves ou joies.

« Je vous demande pardon de vous faire partager mes tristesses, lui écrit-il un jour, où il avait appris la mort d'un ami, mais tout n'est-il pas en commun entre nous pour toujours? C'est diminuer mes peines que de vous les raconter, de même que de vous dire mes plaisirs, c'est les rendre deux fois plus vifs..... Je suis tout à fait heureux, s'il en est de même pour vous. Je pense avec joie que, dans quatorze jours, j'aurai le bonheur tant désiré de vous revoir. Ces dernières semaines sont les plus longues à passer. La dernière étape est toujours la plus rude. Il me semble que le temps se ralentit. Je suis comme un voyageur fatigué qui aperçoit le clocher du village où il veut arriver. Il s'imagine que le clocher s'éloigne à mesure qu'il avance, et chaque minute lui semble un siècle. Mais enfin, il arrive toujours, et quel repos alors ! Quel contentement et quel plaisir ! »

Il hâtera son départ. Comme en qualité d'orateur, il sera sur l'estrade au premier rang, il lui faudra beaucoup d'habileté pour s'esquiver; n'importe, dût-il ne pas paraître assez jaloux de l'honneur qui lui est fait, il ne retardera pas d'un jour le plaisir de se retrouver auprès de sa fiancée.

Mais voici une bonne nouvelle. M. Danton l'a

annoncée au recteur de Grenoble. A. Feugère sera nommé à Stanislas. Aussi avec quel plaisir il fait ses préparatifs de départ :

« Il me semble que j'étais une âme pénitente qui quitte enfin le Purgatoire. »

Le *Bulletin de l'Instruction publique* annonça la nomination juste au moment où les lettres de faire part allaient être mises sous presse.

Le mariage eut lieu à Louviers le 7 septembre 1868, et A. Feugère, au mois d'octobre suivant, prit possession de la chaire de rhétorique de Stanislas, de celle même qu'avait illustrée la jeunesse brillante d'Ozanam.

Pendant la période de près de dix années qu'A. Feugère enseigna à Stanislas, la juste réputation de son mérite ne fit que s'accroître. Le respect en retint l'expression tant qu'il vécut. Sa modestie s'en fût offensée, et l'on ne craignait rien tant que de lui déplaire. Mais à certains jours pourtant, jours de fête pour ses élèves, la vérité s'échappait de leurs cœurs trop émus pour n'être pas sincères. Il fallait, bon gré mal gré, qu'A. Feugère entendît son éloge sur les lèvres de ceux qu'il avait accoutumés lui-même à mesurer la portée de leurs jugements et dans un langage délicat qu'il ne pouvait pas renier.

Il n'est plus. Le temps est venu d'environner sa

mémoire des témoignages les plus propres à la perpétuer. Aussi avons-nous fait appel aux souvenirs de ses élèves. Seuls (nous l'avons cru), ils pouvaient nous donner une juste idée de cet enseignement classique, plus intime qu'au Collége de France, mais qui ne fut ni moins précis ni moins élevé, et dont nous ne pouvions parler comme le fait un auditeur charmé.

Un de ses plus brillants élèves, maître aujourd'hui à son tour, M. Durand, qui obtint le prix d'honneur au concours général, sous l'habile direction d'A. Feugère, a bien voulu nous écrire à ce sujet quelques pages qui nous paraissent trop précieuses pour n'être pas citées tout entières :

« La supériorité de M. Feugère, comme professeur de rhétorique, mériterait d'être mise en lumière au même titre que sa supériorité dans l'enseignement qu'il devait donner plus tard au Collége de France : elle se manifestait avec autant d'éclat et elle se fondait sur les mêmes qualités.

« La plus remarquable de toutes, c'était, il me semble, cette précision rigoureuse, cette sûreté de méthode que M. Feugère unissait au goût le plus délicat et au sentiment le plus vif. L'horreur du vague, le souci de découvrir et de suivre toujours la marche naturelle et logique des idées et des sentiments, tels étaient les deux traits les plus saillants de son enseignement : avant tout, il s'attachait à former et à diriger la raison. Et cette préoccupation très-élevée se marquait non par des discours généraux et des développements de principes, mais par la pratique de tous les jours, de tous les instants : c'est en se renfermant dans l'enseignement de sa classe que M. Feugère en dépassait la portée. Je me rappelle encore l'impression que produisit sur nous, à notre entrée en rhétorique, la correction de notre premier discours. Nous ne pûmes nous défendre d'une certaine crainte pour nous-mêmes et de beaucoup d'admiration pour le maître en voyant la première œuvre de notre jeune éloquence livrée aux prises de cette critique bienveillante, mais merveilleusement sûre et ferme, et comment un sujet vaguement entrevu par les plus heureux d'entre nous s'éclairait et de lui-même se distribuait en un certain nombre de parties toutes dépendantes et toutes distinctes. La composition, voilà ce qui préoccupait surtout le maître et ce qu'il proposait sans cesse comme but à nos efforts avec une insistance presque passionnée. Et il entendait par ce mot, non pas un arrangement factice, une régularité de surface; mais le développement naturel du sentiment et de l'idée suivant une loi presque nécessaire.

« Je ne vous dirai rien de la sûreté, de la science et de la finesse de ses aperçus; mais ce qui doit

être relevé, ce qui faisait sur ce point de l'enseignement de M. Feugère quelque chose de vraiment
rare, c'est ce privilége qu'il possédait de savoir
admirer et juger tout ensemble, et d'unir au respect le plus profond des grandes traditions littéraires, l'esprit d'examen le plus ferme. Aucun
esprit ne répugnait plus que le sien au dénigre-
ment systématique ou à ce demi-scepticisme qu'il
semble de bon ton à quelques-uns d'affecter en
littérature ; il était de ceux dont l'enseignement
fortifie au lieu d'énerver, de ceux qui admirent et
qui convient les autres à admirer. Mais nul non
plus ne s'accommodait moins de l'aveuglement
dans l'admiration, de l'irréflexion dans l'enthousiasme. La raison avec lui était sûre de trouver
son compte aussi bien que le cœur.

« Je craindrais, en me hasardant à vous parler
des goûts et des préférences littéraires de M. Feugère, de pousser trop avant et de toucher à une
part trop intime de lui-même. Ce qu'il nous en
manifestait, c'était son admiration ardente et raisonnée pour les grands classiques, un penchant
marqué vers ceux qui avaient étudié l'âme humaine avec le plus de pénétration et de délicatesse ; en tout écrivain, le moraliste surtout l'attirait. De là, son commerce familier avec les auteurs
du XVIIᵉ siècle, tous moralistes à un certain degré ;
de là, l'inclination particulière qu'il ressentait pour

quelques-uns, Bourdaloue, Racine, La Bruyère ;
de là aussi sa sévérité, ou du moins sa réserve à
l'égard de certains modernes aussi illustres, mais
plus épris d'un certain idéal imaginaire que de la
vérité humaine et des réalités intimes du cœur.

« Ce serait faire une injure à la mémoire de
M. Feugère de ne considérer et de ne louer dans
son enseignement qu'une direction littéraire d'une
sûreté sans égale en même temps que d'un charme
rare. En lui l'homme était inséparable du professeur ; c'est dire que son action s'exerçait non sur
l'esprit seulement, mais sur l'âme tout entière.
Son enseignement était, dans le plein et beau sens
du mot, un enseignement moral. La rhétorique, à
force de s'occuper des mots, oublie souvent les
choses ou, ce qui est pis, affecte de les oublier. On
apprenait au contraire avec M. Feugère le prix
absolu de l'idée, et la valeur relative du mot. »

C'est ainsi qu'un prêtre me racontait que, chargé
de faire un cours d'instruction religieuse aux élèves des hautes classes de Stanislas, il avait cons-
taté avec étonnement la supériorité marquée des
travaux des élèves de rhétorique, et il reconnut
qu'A. Feugère, par la vigueur de son enseignement, préparait admirablement les jeunes intelligences qui lui étaient confiées aux plus hautes
questions de l'ordre surnaturel.

« C'eût été peu pour M. Feugère, ajoute M. Durand, de préférer l'idée au mot. Il savait préférer certaines idées aux autres et franchir le degré où s'arrêtent les esprits purement critiques ou simplement précis. Et ses jugements ne portaient pas seulement sur la partie littéraire de la littérature : ce qui en est la trame vivante, à savoir les idées morales, les faits historiques attiraient surtout son examen et provoquaient ses appréciations. Quel esprit inspirait ce dogmatisme et combien il était salutaire? il suffit, pour le deviner, d'avoir connu même de loin M. Feugère. L'effet en était d'autant plus grand que l'expression en était simple et discrète. Ce qui en marquait, par exemple, le sens tout chrétien, ce n'était pas la préoccupation de tourner les questions du côté religieux, mais une réflexion faite en passant, et à propos, une lecture heureusement choisie, une *Passion* de Bossuet commentée un jour de vendredi-saint. Tout, dans cet enseignement, venait à sa place, et je ne saurais dire ce qui méritait le plus d'y être admiré, l'élévation ou la délicatesse. »

L'action puissante du maître sur ses élèves ne tenait pas seulement à ces hautes qualités de l'esprit. Elle s'expliquait aussi par les sentiments qu'inspiraient, dès le premier abord, sa personne même, son caractère, ce qui était en quelque sorte sa physionomie morale. Le premier trait, c'était une simplicité parfaite. Nulle affectation dans la science, nul embarras pour avouer une difficulté. C'était encore une bienveillance toujours égale, et pour ceux qui répondaient dans quelque mesure que ce fût à ses soins, un intérêt et même un attachement affectueux. Joignez à cela une fermeté toujours mesurée, mais toujours sûre d'elle-même et, au besoin, une fine ironie, dont les traits sans blesser cruellement étaient assez redoutés pour arrêter les imprudents qui s'y seraient exposés. Il les empruntait le plus souvent à l'auteur qu'il expliquait, châtiant par une allusion piquante l'élève qui ne lui prêtait pas une attention assez respectueuse. Sous un tel maître, la discipline s'observait d'elle-même. Un jour, il eut lieu d'être offensé. Il dit ces simples mots : « Messieurs, je suspends la classe! » Jamais reproche ne causa une émotion plus profonde.

L'heure marquée pour la fin de la classe le surprenait souvent au milieu d'une correction, et chaque jour cependant, il répétait avec le même étonnement : « Quoi! messieurs, déjà l'heure! » Il préparait ses textes avec un soin scrupuleux, et ses élèves ont remarqué qu'à deux ans d'intervalle, il traduisait le même morceau à peu près dans les mêmes termes, tant ses traductions étaient définitives. Défauts ou qualités, rien ne lui échappait. Ces épîtres d'Horace, ces fables de La Fontaine qu'il aimait tant, il en analysait les moindres finesses,

au point qu'on a pu dire que parfois « il prêtait
son esprit à l'auteur, au grand plaisir de ceux qui
l'écoutaient. »

Je ne m'en étonne qu'à demi après avoir eu
sous les yeux ses cahiers de l'Ecole normale, où
les chefs-d'œuvre grecs et latins sont analysés
avec une minutieuse attention.

« Il saisissait aussi bien l'ensemble que le
détail, nous dit un autre de ses élèves, M. David.
Il traçait de chaque personnage de l'antiquité les
portraits les plus vivants et toujours marqués au
coin d'une pensée très-originale.

« D'un trait souvent familier, il aimait à en
rendre la physionomie. Il disait de Pline l'Ancien
« qu'il eut une belle journée, celle de sa mort;
« qu'il fut un compilateur sans grandes vues, un
« peu commère. » Il fit un jour de Sénèque ce
portrait humouristique :

« Sénèque avait des richesses immenses : le pauvre homme
n'y était pour rien, il ne l'avait pas fait exprès. Il était bien
difficile de refuser à Néron. Suétone dit que Sénèque reçut
une part des biens confisqués. C'est bien un caractère de
Néron, de forcer les honnêtes gens à partager les dépouilles
de ses victimes. Sénèque les accepta d'abord, les subit; il
en faisait peu d'usage, car il était volé par ses intendants.
Tacite n'aime pas les brouillons, les philosophes qui ont de
grandes barbes sales, qui vont déclamer dans les écoles, qui
rendent les empereurs méchants. Tacite est conservateur :
son idéal, ce n'est pas Thraséas, c'est son beau-père Agri-

cola qui ne faisait pas de politique et qui faisait son métier. Néanmoins Tacite reconnaît la modération de Sénèque. Il raconte qu'à la mort de Sénèque, le sang ne pouvait couler, parce que le corps était *a parvo cibo extenuatum.* » Le pauvre Sénèque était fatigué des richesses et des honneurs. Que voulez-vous? il était dans un engrenage. Néron lui disait : « Sois mon complice ou, si tu pars, je serai plus méchant « que je ne suis. » Avec des intentions honnêtes et un peu de faiblesse, Sénèque fut conduit à jouer un assez triste rôle : ce rôle exigea de lui des sacrifices qui nous coûtent à rappeler. »

Extrait de notes prises au vol, ce portrait, crayonné par le maître et reproduit aussitôt par le disciple intelligent, nous fait, il semble, assister à ces leçons de la classe qu'A. Feugère savait rendre si aimables, sans qu'elles fussent jamais superficielles.

« Telle était la valeur de ces appréciations, nous dit encore M. David, qu'aujourd'hui encore nous en reconnaissons la justesse et que nous les retrouvons toujours gravées dans notre esprit.

« Au service de sa pensée, M. Feugère avait une parole facile, claire, mais surtout incisive. D'ordinaire, il s'animait peu à peu, se redressait par degrés à mesure qu'il rendait son idée plus sensible : enfin il se levait à demi de son siége, lançait son trait qui portait droit et ferme, puis il se courbait de nouveau sur son texte.

« Toutes ces qualités donnaient à l'enseignement

de M. Feugère beaucoup de saveur. Mais ce qui relevait encore son esprit, c'était son cœur. Ses reproches ne blessaient jamais, et quelque graves qu'ils fussent, sa malicieuse bonhomie, en leur donnant un tour spirituel, savait les faire accepter sans le moindre murmure. Il ne prodiguait pas les éloges ; mais il les accordait toujours avec tant de joie et un intérêt si marqué qu'il leur donnait un prix inestimable.

« Il faut ajouter à ces encouragements ceux que nous puisions chaque jour dans les entretiens familiers qu'il nous accordait après la classe. Pendant que nos camarades sortaient, nous accourions à sa chaire : nous montions qui sur un banc, qui sur une table, qui sur l'escalier pour nous rapprocher, ou bien lui-même descendait au milieu de nous, et s'adressant à nous : « Eh bien ! messieurs ! » Il nous demandait alors ce que nous faisions, où en était la préparation de nos examens. Bientôt la conversation s'engageait, les souvenirs revenaient en foule à notre cher professeur ; il nous parlait de l'école, des célébrités contemporaines, nous rapportant les traditions plaisantes de l'une, nous racontant les bons mots, les saillies des autres. Si quelque circonstance le forçait à nous quitter plus tôt qu'à l'ordinaire, il poussait la bonté jusqu'à s'excuser de son brusque départ. Lorsqu'il était de loisir, il aimait à s'oublier avec nous dans de longues causeries, qui se terminaient à peine à la porte de l'étude.

« Un jour même, — il nous parlait ce jour-là pour la dernière fois, — debout entre deux portes, dérangé par les passants, il nous entretint de l'Ecole normale avec tant de plaisir et d'abandon, que le coup de onze heures seul mit fin à cette conversation commencée dès dix heures.

« Dans ces moments qu'il voulait bien passer avec nous, on voyait à plein son caractère. Si l'égalité de son humeur, si l'aimable enjouement de sa parole, assaisonné d'une malice inoffensive, donnait tant d'agrément à sa société, l'élévation de ses sentiments, l'amour du bien qu'il professait commandaient notre respect. Nous nous répétions les uns aux autres qu'il pratiquait hautement et simplement sa religion, communiant tous les huit jours, et se faisant une joie d'accompagner ses enfants au mois de Marie. Tandis qu'il commentait Bossuet, l'impression religieuse qui, discrète et voilée, se révélait néanmoins dans ses moindres discours, passait de son cœur dans le nôtre. Alors chacun se promettait de suivre non-seulement ses préceptes, mais aussi son exemple; et songeant à la sainteté de sa vie, nous étions pénétrés d'une vénération profonde qui vivra toujours dans nos âmes au souvenir de ce maître chéri. »

Si A. Feugère s'était emparé ainsi de la confiance

et de l'affection des élèves, on ne s'étonnera pas de la haute estime dont l'entouraient l'administration comme ses collègues.

Quand les anciens élèves revenaient au collége et qu'ils parlaient de leurs professeurs, le nom d'A. Feugère était toujours prononcé l'un des premiers, et toujours, en son honneur, il y avait des paroles d'estime, d'affection et de reconnaissance. On parlait de sa science, de sa modestie, de ses sentiments religieux, et on finissait en faisant des vœux pour que le collége conservât longtemps encore un tel professeur.

Ces témoignages éclatèrent surtout lorsque A. Feugère fut proposé pour la suppléance de M. de Loménie, au Collége de France. A. Feugère fut profondément touché des efforts qui étaient faits pour le retenir dans un milieu où lui-même se plaisait, parce qu'il y était utile, et heureux, parce qu'il y était aimé. Aussi, quand il accepta la chaire du Collége de France, il ne voulut pas abandonner celle de Stanislas. On lui en garda la plus profonde reconnaissance, et j'aime à en recueillir encore l'expression émue dans un compliment que ses élèves lui adressèrent au début de l'année 1876 :

« Ce n'est pas seulement à Stanislas que les derniers venus ne peuvent trouver place pour vous entendre, lui disait leur délégué. Des hommes qui pourraient être nos maîtres se pressent autour de votre chaire, et voudraient vous accorder plus souvent les applaudissements si enviés et si mérités du Collége de France. Pour vous retenir au milieu de nous, il faut plus que l'amour des lettres ; il faut, par-dessus tout, ce dévouement religieux à la jeunesse, dont vous avez recueilli l'héritage dans vos traditions de famille comme dans les traditions de notre collége. »

Ce fut bien là, en effet, le motif qui décida A. Feugère à accepter la fatigue d'un double enseignement, et le nouveau travail qu'il s'imposa ne diminua jamais le temps que sa conscience exigeante croyait devoir, avant tout, à ses chers élèves de Stanislas.

IV

Il convenait de dire tout ce que nous savions du professeur de Stanislas avant de suivre A. Feugère au Collége de France, où un plus large horizon va bientôt s'ouvrir pour son talent.

Mais souvent c'est à l'heure même où aux yeux du monde la fortune semble combler nos désirs, qu'il nous faut commencer à gravir la voie douloureuse des épreuves. Au milieu de ses succès, dans la fleur même de ce printemps d'un premier amour, A. Feugère reçut le grave et triste avertissement de la fragilité du bonheur d'ici-bas. Il nous faut assister à cette crise de sa vie et raconter quel coup imprévu vint fondre sur son foyer et le ruiner. On comprendrait mal autrement le caractère de force et d'élévation qui marquait, surtout dans les dernières années, les actes d'A. Feugère. L'influence qu'il exerçait sur le cœur de ses élèves et de ses amis venait de cette force secrète de son âme, comme cette force elle-

même avait sa source dans la douleur chrétien
nement supportée.

Notre émotion avait été vive en ouvrant la
blanche enveloppe qui renfermait les lettres
échangées entre le jeune professeur et sa fiancée,
et qui portait ces deux mots : *Le bonheur !* On
ne franchit pas le seuil des paradis de la terre
sans penser qu'il n'est donné à l'homme que de
les traverser. Hâtons-nous, du moins, d'y cueillir
les dernières fleurs.

Alors que tant de mariages contractés, sans la
pensée de Dieu, par la fantaisie ou l'intérêt,
portent en eux-mêmes les germes funestes qui
vont les désunir, l'épreuve du temps, au contraire,
ne faisait que resserrer chaque jour la mutuelle
affection d'A. Feugère et de sa jeune femme.
Aussi ne savaient-ils se séparer, et la plus courte
absence les désolait. La rentrée, au mois d'octobre 1869, avait forcé le professeur à devancer sa
famille à Paris :

« Que je me suis trouvé seul!... je me suis consolé en pensant au plaisir que j'aurai lundi à te ravoir dans notre cher
petit appartement, qui a logé bien du bonheur l'année dernière, n'est-ce pas? et qui en logera encore davantage, s'il est
possible : je me suis imaginé voir par avance le berceau de
notre chère fillette à côté du lit. Puis le sommeil est venu. »

Sa fille aînée, Hélène, venait de naître. Le nouveau sentiment dont A. Feugère éprouvait les premières douceurs était loin, d'ailleurs, de diminuer sa tendresse pour sa femme. Il lui écrit, à la nouvelle d'une légère indisposition dont elle est remise :

« Merci de t'être si bien rétablie, ma chérie : c'est le plus grand plaisir que tu pouvais me faire. Je jouis de ce beau soleil bien plus pour toi et notre fille que pour moi-même. »

Il lui annonce, dans la même lettre, qu'il doit faire au lycée Bonaparte cinq conférences par semaine. Jointes au traitement régulier de Stanislas, ces conférences le mettront à l'abri de toute inquiétude. Les goûts du jeune ménage étaient simples ; de bonnes et sérieuses lectures faites en commun, le soir, étaient leurs plus grandes récréations. C'est tout ce qu'il faut, ajoute-t-il,

« Aux petits des oiseaux, Dieu donne la pâture.
« Et nous passerons encore une bonne petite année avec un amour de petite fille en plus, n'est-ce pas, ma chérie ? »

Parlant un jour de l'abbé de Choisy, après sa conversion, A. Feugère dira :

« Si vous voulez avoir le secret de cette bonne humeur, de ce contentement perpétuel qui prend toutes choses par le bon côté et qui ne connaît pas l'ennui, si vous voulez savoir ce qui le rend tout à fait aimable, cherchez-le dans les deux caractères dont j'ai parlé, la curiosité toujours active de son

esprit et la bonne influence qu'exercent sur lui les sentiments chrétiens qui l'ont emporté dans son âme et dans sa
conduite. »

C'est bien aussi la curiosité active de l'esprit et
la douce influence des sentiments chrétiens qui
donnent à A. Feugère cette égalité d'humeur et
cette fermeté calme que les coups les plus terribles
ne parviendront pas à abattre. En ce moment,
il compte mener de front avec ses diverses
occupations quotidiennes son travail personnel.
Ce travail, c'est sa thèse sur Bourdaloue.

Il est inquiet à ce sujet. Le hasard lui a fait
savoir qu'un de ses collègues s'occupe de Bourdaloue. Il a appris, en outre, qu'un professeur de
théologie d'Aix et un professeur de Paris préparent
un ouvrage sur cet orateur.

« Je vais donc être poussé l'épée dans les reins, et puisque
c'est une lutte de rapidité, il va falloir que je marche grand
train pour arriver *bon premier*. Peut-être sera-t-il sage de
prélever même un peu de temps sur nos soirées, pour le
consacrer à mon travail; ce serait si contrariant d'avoir pioché
pour rien. »

Les cruels événements de 1870 vinrent troubler
ce paisible intérieur, mais en l'épargnant. Relevant
d'une maladie grave au moment de la déclaration
de la guerre, A. Feugère écrivit de Louviers, où il
était en convalescence, pour se mettre à la dispo-

sition de l'autorité militaire ; mais les événements se précipitèrent, et il dut rester dans la petite ville normande, où il demanda au travail un adoucissement aux angoisses de son patriotisme.

A côté des lettres des jours heureux, nous trouvâmes un autre paquet de lettres. D'une main pieuse, il avait écrit sur une première enveloppe : *La maladie !* Une seconde enveloppe portait cette indication : *Nos lettres*, et plus bas, cette épigraphe douce et triste : *Amabilis viro ut Rachel...* Elle lui avait été douce, comme Rachel le fut pour Jacob, et il ne pouvait se consoler parce qu'elle n'était plus.

Oui, la maladie atteignant l'être le plus chéri, l'envahissant chaque jour par ses implacables progrès, flétrissant peu à peu et comme à plaisir les grâces qui nous ravissaient, accablant la tige où fleurissaient nos espérances jusqu'à la coucher à terre, voilà la plus douloureuse des épreuves ! Celui qui l'a soufferte et qui en est revenu plus chrétien semble avoir enduré toutes les douleurs du martyre, sans la mort qui les abrége.

Au mois de février 1872, un état de lassitude, dont souffrait Mme Feugère depuis quelque temps, prit un caractère assez alarmant pour que les médecins crussent devoir ordonner un changement d'air. Elle partit pour Louviers. Le professeur, qui dut rester à Paris, allait souvent la voir. Il lui écrivit de fréquentes lettres. Toutes ces lettres sont empreintes d'une douceur qui déchire le cœur. On sent à toutes les recommandations qu'elles contiennent, et qu'A. Feugère pousse jusqu'à la plus minutieuse prévoyance, l'inquiétude secrète qui ne le quitte plus. Avec quelle insistance touchante il lui demande de prendre ces mille précautions, toujours contrariantes pour un malade; mais il a une manière de les imposer si tendrement impérieuse, et sa femme, en s'y soumettant, lui donnera une si grande marque de tendresse, qu'elle éprouvera presque de la joie à s'y résigner. Il n'est pas jusqu'aux lettres de sa chère malade dont il est prêt à se priver, si elles devaient être pour celle qui les écrit une cause de fatigue :

« Tes lettres sont toujours impatiemment attendues et lues avidement, mais je ne veux pas que tu te fatigues à m'écrire. Si tu éprouves la moindre lassitude, arrête-toi, je ne m'en inquièterai pas pour cela. Que rien ne gêne le repos absolu que tu dois prendre. Ne reçois pas de visites, surtout ne fais pas de frais. Ferme ta porte impitoyablement. Je t'assure que les visites, même les plus familières, accélèrent ton pouls. J'insiste sur ce point. Chaque personne qui vient ne sait pas que d'autres sont venues et que d'autres viendront; elle ne croit te prendre qu'une partie de ton temps et de tes forces, elle s'imagine même rendre service et distraire, et, avec tout cela, le pouls galope. Je t'en supplie, mettons toutes les chances de notre côté. Le changement d'air est efficace;

mais il faut l'aider. Soigne-toi bien enfin, n'attends pas le froid pour te couvrir; prends ou plutôt envoie chercher un ou deux manteaux à la plus légère impression de fraîcheur. »

Dans les lettres suivantes, les recommandations redoublent pour les enfants comme pour la mère, et il termine par cette vive exclamation : *Je t'aime trop !*

Un nouveau déplacement parut nécessaire. Au mois d'avril, A. Feugère conduisit sa femme à Arcachon. Il dut repartir seul. La séparation était, cette fois, bien plus complète et plus cruelle. Sa résignation resta entière, et c'était encore lui qui, doucement, soutenait le courage de celle qu'il avait pu confier à des soins tout maternels, mais que sa tendresse n'allait plus pouvoir entourer.

« Surtout, bien-aimée, pas de découragement, pas d'impatience. C'est une épreuve comme il est rare qu'on n'en ait pas quelques-unes en ce monde, et combien en ont de plus rudes !... J'ai toujours pensé que, pour supporter nos misères, c'était une bonne méthode de regarder au-dessous de soi, non au-dessus, ceux qui sont plus malheureux que nous et non ceux qui sont plus heureux; et dans le cas présent, ma chérie, les premiers, sois en sûre, sont encore plus nombreux que les seconds. Je suis d'autant plus autorisé à te faire ce petit sermon, que je ne suis pas de ceux à qui l'indifférence rend la résignation facile, et tu sais bien qu'il n'y a pas beaucoup de maris ni de pères pour qui la séparation soit plus dure que pour moi. »

La seule distraction de sa journée était d'aller

embrasser sa plus jeune enfant, restée à Paris, chez ses grands-parents :

« Je vois Geneviève tous les jours. Je ne puis dire combien j'aime à retrouver cette enfant en ton absence, ma chérie, et en l'absence de ma grosse Hélène. Je resterais avec ma *gui-gui* des heures entières si je m'écoutais. Elle me connaît bien et me fait fête dès qu'elle m'aperçoit. Quand je ne peux aller jusqu'à la rue des Feuillantines, je passe lui faire une petite visite au Luxembourg. Elle commence à s'apprivoiser, quoiqu'elle manque toujours un peu d'amabilité pour ta maman ; mais elle se laisse débarbouiller par elle et daigne accepter la soupe de sa main. C'est un grand progrès, surtout elle retrouve sa gaieté qu'elle n'avait plus dans ce nouveau milieu.»

A cette époque de première solitude et d'épreuve remonte l'entrée d'A. Feugère dans la société de Saint-Vincent de Paul. Ce ne pouvait être de sa part qu'un acte réfléchi.

« Mardi, j'entre à la conférence de Saint-Sulpice. Je suis allé voir, ce matin, le président. Comme je veux faire les choses complétement, tu sauras, ma bien-aimée, que j'irai mardi à la messe, de bonne heure, pour profiter de l'indulgence plénière accordée aux membres nouveaux qui communient le jour de leur entrée dans la Société. »

Il y avait quelque chose de touchant dans cette détermination d'un cœur, que les circonstances privaient des douceurs du foyer, et qui voulait en combler le vide par les sollicitudes de la charité. Dieu lui enlevait pour un temps sa famille, il s'en faisait une parmi les pauvres.

A. Feugère, d'ailleurs, profondément convaincu que seul le christianisme peut, en rapprochant les cœurs, résoudre le problème social, devait se sentir pressé de participer à l'œuvre qu'Ozanam avait fondée aux jours de sa jeunesse, et dans laquelle se retrouve le caractère de toutes les œuvres de la charité chrétienne, qui est d'être un admirable échange de bénédictions entre ceux qui reçoivent et ceux qui donnent.

Cependant les nouvelles arrivaient meilleures. Mme Feugère demandait à revenir. Il faut que son mari lui-même la supplie de rester encore et d'attendre la chaleur.

« Tu sais nos conventions, ma chérie. Si tu veux revenir, tu en es maîtresse ! Je m'en rapporte à ta raison. Mais si, vraiment, tu sens tes forces s'augmenter, je te supplierais de différer ton retour. Tu sais que tu me trouveras toujours décidé à toutes les sagesses et à toutes les prudences pour ta chère santé. »

Le mieux s'accentue et quelque gaieté reparaît dans sa correspondance. Ce sont tantôt ses mésaventures de financier qu'il raconte ; car « je tiens des comptes, » écrit-il ; tantôt c'est le récit piquant d'un dîner en ville ou d'une soirée. Il y mêle des portraits trop intimes pour être publiés ici. Je n'ai pas insisté sur ce ton de fine ironie, qui égaie, au temps du bonheur, les lettres d'A. Feugère. Et pourtant, il serait facile d'en détacher d'agréables esquisses enlevées d'un trait juste et piquant, témoin ce petit tableau :

« Hier, je suis allé à un mariage à Saint-Germain, magnifique mariage, comme tu penses. Les voitures couvraient la place et le quai. Beaucoup de monde. La mariée m'a paru fort gentille et surtout fort gracieuse, sans être jolie. Les deux jeunes gens ont l'air fort contents l'un de l'autre. La cérémonie se composait de trois parties bien distinctes : en avant, une messe avec exhortation que les mariés écoutaient, peut-être ; par derrière, un beau concert à l'orgue qu'on écoutait un peu plus ; au milieu, un vaste salon de conversation fort animé. C'est ainsi que se font les mariages à Paris. »

Mme Feugère rentrait à Paris dans les premiers jours de mai, pour gagner ensuite Louviers. Il fallut trop tôt reconnaître que le mal n'était point vaincu. La question d'une saison d'eaux fut agitée. La malade y répugnait. A. Feugère la presse de s'y résigner.

« Ce voyage ne me fera pas plus de plaisir qu'à toi ; mais il ne faut pas s'en faire des frayeurs inutiles. Nous chercherons ensemble ce qui sera sage, et, l'ayant trouvé, nous le ferons. »

C'est à Soultzmatt, petite ville d'Alsace, qu'ils se rendirent vers la fin de juillet. Ils y avaient été attirés par le renom du docteur Arnold, qui cueillait sur les montagnes du voisinage des simples, dont le breuvage, joint à l'emploi des eaux, avait rendu la santé à des personnes plus atteintes que ne l'était Mme Feugère. On le croyait, du moins. Le traitement ne parut pas donner cependant les résultats qu'on en espérait; mais Soultzmatt est déjà dans la montagne, au fond d'une gorge formée par les premiers contre-forts des Vosges. Les promenades y sont variées, faciles, toujours belles, et la malade, du moins, put jouir encore du spectacle qu'offre ce riche et beau pays.

Au milieu des plus cruelles préoccupations, A. Feugère, on ne s'en étonnera pas, ne put échapper à un sentiment particulièrement douloureux en se fixant, pour quelques semaines, sur un sol qui n'était plus celui de sa patrie :

« Le Français qui visite maintenant l'Alsace, écrit-il à un ami, regrette plus amèrement encore les tristes événements qui nous ont fait perdre cette précieuse province... Mais si le patriotisme souffre de la perte de l'Alsace, il est du moins dédommagé par les sentiments des habitants. Les nouveaux maîtres n'ont point conquis les cœurs. C'est une inimitié sourde, mais énergique et tenace. J'entends même exprimer des espérances qui sont, hélas! beaucoup trop impatientes. On ne veut pas croire que le nouvel état de choses puisse avoir de durée. »

Le séjour de Soultzmatt n'apporta pas un notable changement à l'état de la malade. L'automne et ses décroissances fatales la ressaisirent trop tôt, et lorsque, pour la dérober aux approches de l'hiver, on l'emmena à Cannes, ce fut pour ne plus revenir.

Ici, les lettres se taisent. Ni les soins les plus tendres, ni les plus ardentes prières ne purent conjurer les progrès de la maladie. Mme Feugère s'éteignait le 19 décembre 1872, quelques heures après avoir adressé, à sa famille de Paris, un dernier témoignage de doux et triste souvenir, qui se terminait par ce simple mot : *Fiat !* Le cœur brisé, A. Feugère revint à Paris, et il accompagna les restes mortels de sa femme bien-aimée jusqu'à la dernière étape de cette voie douloureuse.

On lui conseillait de changer de milieu, d'écarter de lui, pour quelque temps, les images trop présentes de son bonheur détruit : il ne le voulut pas ; il jugea avec cette ferme décision qui ne lui fit jamais défaut, qu'il valait mieux « brusquer ces reprises d'habitude et cette rentrée dans les souvenirs, qui est cruelle, mais qui a aussi ses consolations. »

C'est alors que, plus que jamais, il demanda au travail et à la foi, non pas le secret d'oublier, mais celui de souffrir avec courage et de mériter par ses souffrances. Et il semble que la grave étude de Bourdaloue, entreprise au temps des plus douces espérances, lui fut ménagée par la Providence, comme une source de consolation et de force, à l'heure trop tôt venue d'un deuil accablant.

Oui, quand la maladie vint lentement obscurcir et éteindre la joie de son foyer ; quand, veuf après quatre ans de mariage, il se retrouva dans le petit appartement de la rue Saint-Placide, qui avait été le témoin de sa vie heureuse ; quand il se revit à côté de deux berceaux, qui n'avaient que des rires encore pour répondre à ses larmes, A. Feugère, acceptant son malheur, se rassit à la table de travail, près de laquelle la chère absente devait, nous le croyons, revenir encore l'encourager, et il reprit avec fermeté l'étude de Bourdaloue, de Bourdaloue qui disait : « Nous ne voyons point d'hommes contents de leurs plaisirs, et nous voyons des hommes, non-seulement morts, mais crucifiés pour le monde, contents de leurs austérités et de leur croix..... *Nous voyons des hommes, dans la vue de Dieu, et par un zèle ardent de plaire à Dieu, heureux de souffrir, heureux de pleurer, heureux de ne posséder rien, parce qu'au milieu de tout cela ils possèdent Dieu,* pendant que le monde, avec toutes ses prospérités et toutes ses fausses joies, ne peut être heureux ni content. »

A. Feugère avait appris à admirer la doctrine de Bourdaloue ; il apprenait maintenant à la pratiquer.

Aussi, est-ce avec un véritable esprit de sacrifice qu'il transcrivit un jour cette touchante maxime de l'*Imitation*, que nous retrouvons sur un de ses cahiers : « *Le temps des souffrances est le temps des mérites.* »

Cette année même, le P. Monsabré commençait, d'après la doctrine de saint Thomas, l'exposition des dogmes catholiques. A. Feugère, frappé de la solidité comme de l'éclat des conférences de l'éminent dominicain, eut la pensée de les faire connaître au public du dehors par une suite d'analyses de quelque étendue. C'était la première fois qu'il reprenait la plume, tombée de sa main pendant ces longs mois de mortelle inquiétude et de profonde douleur. Ces pages sont calmes et graves. Nous pourrions en citer plusieurs où, dépassant les limites d'une simple analyse, A. Feugère développa, avec son élévation ordinaire, ses pensées personnelles. Une de celles qu'il a à cœur d'exprimer, c'est que l'incrédulité est trop souvent le fruit d'une prévention ignorante : aussi estimait-il, que le P. Monsabré comprenait excellemment les besoins de son temps, en opposant à la fausse science du siècle la doctrine catholique, prise à ses hautes sources :

« Apprendre les solutions chrétiennes dans leurs termes exacts, en mesurer la profondeur, en apercevoir les convenances rationnelles, saisir les rapports réciproques de ces vérités qui toutes s'éclairent l'une l'autre, se soutiennent et se complètent; comprendre, enfin, l'admirable harmonie de la doctrine catholique, ce serait, pour beaucoup de nos contemporains, une science toute nouvelle et féconde. Opposer au brutal radicalisme des utopies antisociales le saint radicalisme de la morale chrétienne, qui ne varie ni ne transige, c'est bien; mais dissiper à la lumière de la science religieuse les ténèbres de l'ignorance et les préjugés confus du demi-savoir, c'est mieux encore. »

Mais était-il possible que dans l'une de ces pages A. Feugère ne trahît pas, à son insu, les sentiments de son âme désolée, comme aussi ses chrétiennes espérances, les seules que sa douleur pût encore accepter? Cet intérêt de confidence intime et cependant discrète donne, il nous semble, un accent particulièrement touchant aux réflexions éloquentes que lui inspire le spectacle de la communion générale du jour de Pâques :

« Etaient-ils des illuminés et des fanatiques, ces trois ou quatre mille hommes qui chantaient d'une voix lente et grave, sous les voûtes de la vieille basilique, le vieux symbole de nos pères? N'étaient-ils, selon le mot d'un dédaigneux critique, qu'un troupeau d'hallucinés, livrés au torrent de ses rêves, de ses terreurs et de ses enchantements, roulant pêle-mêle dans les hasardeuses vallées de l'instinct et du délire, ne cherchant sa raison d'agir et de croire que dans les éblouissements de son cerveau et les palpitations de son cœur? Non, c'étaient des hommes habitués, pour la plupart, à la réflexion et à l'examen; des esprits sérieux et pénétrant au fond de leur cœur. On eût été étonné de voir quelle variété de caractères, de sentiments, d'aspirations, de besoins dans cette foule d'âmes, depuis le jeune étudiant de nos écoles qui venait chercher cette suprême ressource que l'expérience de tant de générations, qui ont fait tour à tour le voyage d'ici, bas, a nommé le viatique; depuis l'homme heureux dans sa vie et dans ses entreprises, « entouré comme d'un rempart, lui, sa maison et tous ses biens, » qui apportait ses actions de grâces et appelait sur sa prospérité les bénédictions du père de famille, jusqu'à l'homme « *environné de maux et renversé dans ses espérances, comme un arbre déraciné* » qui suppliait le consolateur de secourir sa détresse et, peut-être, de s'asseoir à son foyer désolé! Et l'auguste sacrement s'applique à tous ces états, répond à tous ces besoins, satisfait à toutes ces demandes.

« Banalités! dira-t-on; mais n'est-ce pas la plus grande des merveilles que toutes ces choses soient des banalités? Et quand on traite d'hallucination et de rêve la croyance à ce sacrement, qui seul entretient depuis tant de siècles la vie religieuse dans le monde, à ce sacrement qui serait la plus grossière des mystifications s'il n'était le plus ineffable des mystères; mesure-t-on la portée de l'insulte que l'on jette à l'humanité? Hallucination et rêve, ce qui a exercé, sur des millions d'âmes, cette action puissante qu'elles ont non-seulement sentie, mais réfléchie, raisonnée, analysée! Ce qu'un François Xavier proclamait être le secret de son zèle apostolique; ce qui rallumait, sans cesse, dans l'âme d'un Vincent de Paul, il le déclarait lui-même, le feu de la charité; ce qui changeait un François de Sales, né violent et emporté, en un ange de douceur, et une Lavallière, en une sœur Louise de la Miséricorde! Hallucination et rêve, ce qui produit ces résultats palpables, évidents, dont témoignent les paroles et les exemples des meilleurs d'entre les hommes! Encore une fois, quel outrage à l'humanité, à sa raison, à sa conscience, à ses vertus, à ses repentirs et à ses douleurs! S'il en est ainsi, c'est un vrai « dé-

lire, » le mot est juste, un délire de presque toute l'humanité, il faut aller jusque-là, et on y va. Mais délire bienfaisant, on en conviendra, qui oblige l'homme à se purifier pour le passé, à se réformer pour l'avenir. Qui saura jamais combien une communion générale, comme celle de Notre-Dame, représente de bonnes résolutions formées, d'engagements pris et dont beaucoup, en dépit de la fragilité humaine, seront tenus, de sacrifices méritoires et définitifs, sacrifices de désirs et d'aversions, de préjugés et de haines, de passions violentes et de pensées superbes? Qu'on y fasse réflexion sans parti pris. Cela explique tout ensemble pourquoi l'humanité revient toujours aux pratiques religieuses, et aussi, disons-le, pourquoi tant d'hommes s'en éloignent. »

Au printemps de cette même année, A. Feugère, malgré une sorte d'effroi à affronter des souvenirs si récents, n'hésita pas à retourner, pour la santé de ses enfants, dans cette campagne des environs de Louviers où, cinq ans plus tôt, il avait vu tous les espoirs lui sourire en un seul. Ce premier retour fut poignant. Les sites étaient remplis des émotions d'une joie si pure, si proche encore, et pourtant flétrie comme les feuilles dont le dernier hiver avait couvert le sol!

Bien plus tard, un jour que nous parlions avec lui des œuvres qui resteront, dans l'avenir, la vraie couronne poétique de V. Hugo, A. Feugère ouvrit le livre des *Rayons et des Ombres*, et nous lut avec émotion *la Tristesse d'Olympio*.

En racontant aujourd'hui cette période douloureuse de sa vie, nous comprenons mieux son attrait pour cette pièce d'une si vraie et pénétrante mélancolie. Lui aussi, quand il errait sous les ombrages de Saint-Didier, « il voyait à chaque arbre, hélas! se dresser l'ombre des jours qui ne sont plus. » Et comment n'eût-il pas encore été saisi d'une profonde émotion, quand sa mémoire lui récitait ces vers :

— « Oh douleur! j'ai voulu, moi dont l'âme est troublée,
Savoir si l'urne encor conservait la liqueur,
Et voir ce qu'avait fait cette heureuse vallée
De tout ce que j'avais laissé là de mon cœur!

« Que peu de temps suffit pour changer toutes choses!
Nature au front serein, comme vous oubliez!
Et comme vous brisez, dans vos métamorphoses,
Les fils mystérieux où nos cœurs sont liés! »

Ce fut dans cet état douloureux d'esprit que, se rappelant une heureuse journée, il écrivit cette simple et triste ligne : « Il y a cinq ans, j'ai cru au bonheur! »

Il n'entrait pas dans les habitudes d'A. Feugère de confier au papier ses impressions intimes.

« Nous autres, hommes d'étude, disait-il, nous pesons trop ce que nous écrivons ; la réflexion nous glace ; l'habitude de n'écrire qu'avec prudence et en nous surveillant, nous arrête à chaque pas. »

Dans ces jours de deuil, cependant, il écrivit

quelques-unes de ses pensées, et elles montreront, mieux que nos paroles, toute l'étendue comme aussi tout le courage de sa douleur :

« Je reviens, pour la première fois, habiter cette demeure que nous occupions avec ma chère Céleste. Nous nous y étions installés peu de jours après notre mariage. Que de tendresse, de gaieté, de jeunesse et d'espérance alors dans ce petit nid ! et comme il a fallu depuis souffrir et vieillir en peu de temps !..... »

Au retour d'une promenade, il écrit encore :

« Il y a trop de souvenirs dans ces sentiers et dans ces clairières. Mon âme en est, à certains moments, comme assaillie. Ils se succèdent, se pressent, et quel flot d'amertume alors ! Que Dieu daigne accepter ces souffrances et toutes les autres ! Je lui ai tout offert, et bien souvent. Humble sacrifice, mais combien douloureux ! »

Dieu, enfin, prit en pitié cette âme en peine et lui envoya une consolatrice. Et, pour que cette consolatrice lui fût plus douce, pour que la fidélité de son cœur à de premiers serments n'entraînât pas A. Feugère à repousser l'aimable messagère, Dieu la choisit presque aussi attachée que lui au passé.

La sœur même de la chère absente, Mˡˡᵉ Sophie Demante, comprit qu'elle était la seule qui pût ranimer le foyer désolé d'A. Feugère et consoler ce cœur brisé, sans lui imposer, sur un passé sacré et tendre, ni l'oubli ni même le silence. Le rapprochement se fit peu à peu, presque à l'insu l'un de l'autre ; mais après un voyage de Mlle Demante à Louviers avec toute sa famille, il ne fut plus possible de douter du doux empire qu'elle avait pris.

A. Feugère revient quelques jours après, et il écrit :

« Hier, en arrivant ici, quelle tristesse! Jamais je n'avais ressenti aussi profondément la mélancolie de ces lieux. Je trouvais les souvenirs de mon bonheur d'autrefois, quand celle que Dieu m'a enlevée animait la maison de sa gaieté. Je retrouvais aussi les souvenirs de la semaine dernière, quand celle que Dieu m'a envoyée, comme la seule consolation possible de ma douleur, se promenait sous ces ombrages et dans ces allées m'accordant quelques minutes d'entretien, ou m'adressant de loin un de ces regards si profonds et si doux, qui pénètrent jusqu'au fond de mon cœur. Et je me retrouvais seul! Et, à cette même heure, elle s'en allait au loin!

« J'ai voulu, dès hier, soir, aller sous les pins revoir les deux bancs de mousse : à droite, celui où s'asseyait sa chère sœur; à gauche, celui qu'elle a voulu me faire elle-même de ses mains délicates, pour que j'y vinsse m'asseoir en pensant à elle. Et j'ai senti les larmes me venir aux yeux, entre ce passé qui n'est plus et cet avenir qui n'est pas encore! Ces deux chers petits bancs! Ils sont là tous deux, non loin l'un de l'autre, à l'ombre du même bois. Ainsi Dieu a permis que deux tendresses égales s'unissent dans mon pauvre cœur, et qu'aucune des deux ne pût être jalouse de l'autre. »

Ici s'arrêtent, croyons-nous, nos droits de biographe, et le lecteur comprend la réserve qui nous est imposée tout à la fois par la mémoire de notre ami et les délicates fiertés de celle qui le pleure. Il ne peut nous convenir de soumettre à une analyse froide et curieuse les sentiments qu'A. Feugère inspirait à sa fiancée, ni surtout de prétendre distinguer quelle fut, dans l'élan de ce cœur féminin, la part d'une généreuse pitié, et aussi la naturelle séduction de nobles et brillantes qualités sur une âme digne de les apprécier.

Plus que tout autre, A. Feugère sentit tout le prix de cette affection qui venait à lui, prête à tous les devoirs et à tous les dévouements. Au mois d'août 1874, quand les vacances s'ouvrirent, les parents de Mⁱˡᵉ Demante autorisaient, entre leur fille et celui qu'ils n'avaient aussi cessé d'appeler leur fils, l'échange d'un mutuel engagement. Pendant que sa fiancée se rendait dans le Midi avec sa famille, A. Feugère, en attendant le jour où il devait la rejoindre, partit pour la Normandie.

De chères affections l'y appelaient. Ses enfants l'y avaient précédé, et sa sœur Marie venait d'y contracter une alliance qui rapprochait encore par un lien nouveau les deux familles Feugère et Demante, déjà si profondément unies :

« Mes lettres ne vous diront rien que vous ne sachiez déjà, écrit-il à sa fiancée ; mais il est des choses qu'on aime à écrire plus encore pour avoir le plaisir de se les répéter à soi-même que pour les apprendre aux autres. Me voici depuis quatre jours à Louviers. Vous savez tout ce que ces lieux me rappellent. Je vous laisse à penser si j'ai embrassé tendrement mes deux fillettes. Elles sont élevées l'une et l'autre à vous rendre toute l'affection que vous leur portez et à s'en montrer reconnaissantes. Comptez qu'elles n'y manqueront pas... La pauvre tante ne va pas mal, en dépit de la fatigue. Toujours oublieuse d'elle-même pour les autres, elle a tout fait pour rendre agréables à Marie les débuts de son séjour à Louviers, et il me semble qu'elle a réussi. Le jeune ménage ne fait pas de peine à voir. L'accueil fait à ma sœur par tout le monde a été des plus aimables. »

Et il ajoute avec ce sentiment chrétien qui pénètre toutes ses pensées :

« J'espère que tout ira bien et sera béni de Dieu. »

Ne dirait-on pas en lisant ce vœu que lui-même suppliait la Providence de bénir les espérances qui renaissaient dans son propre cœur si éprouvé?

V

Cependant l'étude d'A. Feugère sur Bourdaloue
touchait à son terme. La sévérité toute chrétienne
du sujet, il l'a rappelé, lui avait seule permis de
reprendre pour le terminer ce travail commencé
depuis longtemps et si douloureusement troublé,
si cruellement interrompu. Il était naturel qu'il
désirât la présenter d'abord à la Faculté des Lettres de Paris, afin d'obtenir le grade de docteur.
Aussi éprouva-t-il un léger embarras quand l'Académie française mit au concours, en 1873, l'éloge
même de Bourdaloue. Il hésita à se mettre sur
les rangs, presque par un sentiment de discrétion, pensant qu'il devait à ses juges de la Faculté
de leur présenter un travail absolument neuf et
inédit. Ce scrupule était excessif. Le livre, au contraire, ne serait-il pas préparé naturellement par
l'éloge? et l'attention même, éveillée par un portrait
ramené à ses lignes principales, n'aurait-elle pas
cet avantage de faire pressentir l'intérêt du sujet

dans son plein et entier développement ? Le discours d'A. Feugère, malgré le nombre et le mérite des concurrents, réunit le suffrage unanime de la commission, et l'éminent secrétaire de l'Académie, M. Patin, déclara en propres termes, dans son rapport public, que c'était « une œuvre excellente, une des meilleures ; la meilleure peut-être en ce genre de composition que, depuis quelques années, eût couronnée l'Académie. »

A. Feugère, quand il reçut la nouvelle de ce premier succès, s'empressa d'en reporter tout l'honneur à celle qui tenait déjà une si grande place dans sa pensée ; et au moment d'aller à Paris, au mois d'août, pour assister à la séance publique de l'Académie, il écrivait encore à sa fiancée :

« Jeudi matin, je retourne à Paris cueillir, comme on dirait en vieux style, mes palmes académiques. Vous n'ignorez pas la pensée qui m'a soutenu et porté bonheur dans des travaux que je n'aurais pu mener à bonne fin, si je n'avais eu d'autres stimulants que des motifs d'intérêt personnel. Je ne suis pas très-ambitieux, vous le savez ; on dit quelquefois que je ne le suis pas assez. En tout cas, je ne saurais l'être pour moi seul. »

Au mois de novembre suivant, A. Feugère soumettait son livre à la Faculté des Lettres, et, après une brillante discussion, il était, à l'unanimité, déclaré digne du grade de docteur.

Il n'est plus besoin de louer le livre sur *Bourdaloue, sa prédication et son temps*. La critique lui a fait une place, qu'il ne perdra pas, parmi les œuvres de haute littérature qui portent dans la pensée et l'expression comme le reflet du siècle dont elles nous font connaître les grandeurs sans rien cacher de ses faiblesses.

Qu'on nous permette cependant de nous arrêter devant cette étude si pénétrante, si ferme, d'une inspiration si élevée, et qui demeurera l'honneur de ce jeune talent, dont on avait le droit d'attendre beaucoup, comme elle restera le témoignage public de sa foi. Ici, en effet, nous n'avons pas à distinguer l'homme de l'écrivain. Notre lecture n'est pas, comme il arrive trop souvent, distraite et troublée par la pensée que derrière le peintre attentif, délicat d'un orateur et d'un siècle chrétien, il y a un critique qui se réserve, dont les émotions sont purement littéraires, dont l'unique souci, en définitive, est de se plier à tous les sujets sans se laisser dominer par aucun, de tout comprendre sans rien préférer, de chercher, en un mot, dans la littérature le simple plaisir d'une curiosité active, sans cesse remise en haleine par la variété et la contradiction des tableaux. A. Feugère traitait les lettres avec un autre sérieux. Avant la satisfaction littéraire, il y voulait trouver le solide aliment qui fût propre à nourrir son esprit, surtout à fortifier sa foi : jamais il n'eût consenti à donner un autre but à ses heures d'études. C'était là ce qui l'avait conduit vers Bourdaloue. Le principal attrait dans ce grand travail, c'était pour A. Feugère de n'avoir pas, si l'on peut dire, à séparer sa vie littéraire de sa vie religieuse ; au contraire, de les unir et de les fondre dans une même élévation vers Dieu.

On peut juger si cette sévère et religieuse préoccupation a nui en quelque chose à la finesse du critique comme à la liberté de son jugement. Malgré cette longue intimité avec Bourdaloue, il sait très-bien la discrétion et la mesure avec laquelle il le faut présenter au lecteur français. S'il prétend bien ne sacrifier aucune des parties sévères de son sujet, il ne négligera rien, non plus, sur sa route, qui puisse reposer et comme récompenser notre attention. On a dit de Bourdaloue : « Il ne se lasse pas, mais il lasse. » A. Feugère a été si attentif à l'écueil, qu'on n'aperçoit même pas l'effort qu'il a dû faire pour l'éviter. Cet art de soutenir l'intérêt, A. Feugère le doit d'abord aux qualités propres de son esprit, et aussi à la méthode critique qu'il a partout suivie. Si Bourdaloue occupe toujours le centre du tableau, il n'y est pas seul, et c'est le dix-septième siècle qui est le fond même sur lequel se détache la figure principale. Elle reprend ainsi une vie qui,

peu à peu, semblait s'en être retirée, pendant que
la prédication elle-même de Bourdaloue n'est plus
seulement l'expression éloquente des grandes vérités chrétiennes, mais encore la peinture animée
où se réflète l'époque tout entière.

Après une introduction consacrée à la biographie
de Bourdaloue, très-agréablement renouvelée par
de piquants détails empruntés aux contemporains,
A. Feugère étudie, avec une attention à laquelle
rien n'échappe, et un goût d'une sûreté parfaite,
les caractères de son éloquence.

S'il est vrai, comme on l'a dit finement, que
chacun se fait plus ou moins la poétique de son
esprit, un intérêt particulier nous retiendra sur
la première partie du livre d'A. Feugère : en
suivant le critique dans sa pénétrante analyse
du talent oratoire de Bourdaloue, nous verrons
d'avance se dessiner la méthode que cherchera
tout à l'heure à appliquer le jeune professeur du
Collége de France. A. Feugère est très-français,
au sens que Sainte-Beuve indiquait, quand il
disait : « que la netteté est et sera toujours de
première nécessité chez une nation prompte et
pressée comme la nôtre, qui a besoin d'entendre
vite et qui n'a pas la patience d'écouter longtemps. » Aussi, dans Bourdaloue, il admire tout
d'abord cette logique entraînante du langage,
nécessaire compagne de la logique des idées, et

cette justesse d'expression qui est véritablement l'arme de précision de l'orateur.

Mais l'éloquence nette et vive dans les termes, n'est saisissante et décisive pour la raison, elle ne produit tout son effet que lorsque l'auditeur en reçoit l'impression à temps et dans un certain ordre. Cette disposition heureuse de l'ensemble, ce groupement habile des parties pour constituer un tout parfait, cette faculté d'ordre, en un mot, il la trouve aussi remarquable chez Bourdaloue que la précision du langage. Il la caractérise par une juste et ingénieuse image.

« L'arbre sort de terre d'un seul jet, puis le tronc commun donne naissance à deux ou trois branches principales, d'égale force et d'égale dimension, chacune portant à son tour un nombre varié de rameaux secondaires qui se garnissent de feuilles. On peut trouver la structure trop régulière et trop uniforme, on peut souhaiter plus d'éclat au feuillage, une sève plus libre, surtout un peu plus de fleurs et de parfums; mais toute cette ramure sort d'une souche unique, et il ne s'y mêle ni greffe étrangère ni branche parasite. »

Parfois, le procédé lui paraît trop rigoureux. Il reconnaît que le développement oratoire ne peut être soumis à des règles aussi absolues, et que c'est là étendre la pensée, comme le dira Fénelon, sur un lit de Procuste. Mais il reste frappé de la puissance avec laquelle Bourdaloue approfondit un sujet, le distingue, l'épuise dans toutes

ses parties, et comment, passant à une synthèse
d'autant plus vigoureuse que l'analyse a été plus
profonde, il entraîne la conviction. Il prend alors
à tâche, et c'est une des parties les plus vives de
son livre, de venger Bourdaloue des critiques in-
directes que Fénelon ne lui a pas épargnées dans
ses dialogues sur l'éloquence.

S'il apprécie mieux que personne le facile génie
de Fénelon, le naturel et le charme de sa libre
éloquence, on sent, malgré tout, qu'il se défie
d'une méthode qui est à ses yeux la négation
même de toute méthode. Il défend contre Fénelon les divisions du discours qui du moins ont
cet avantage considérable, fût-il le seul, de diriger
et soulager la mémoire de l'auditeur comme celle
de l'orateur lui-même. Et c'est avec bien de la
finesse que, parlant de cet *ordre dispersé*, dont
Fénelon donne le conseil plutôt que l'exemple, il
dira :

« Dans l'éloquence, comme sur la place publique, faire
de l'ordre avec du désordre est difficile; l'essayer est bien
périlleux. »

En prenant nettement parti pour Bourdaloue
contre Fénelon, dans la question essentielle de la
méthode, A. Feugère marque bien les préférences
de son esprit, ce besoin d'ordre qui lui est naturel,
ces habitudes de sévère composition, cet effort,

3.

avant tout, qu'il exigeait des autres et de lui-même,
pour amener sa pensée, avant de l'exprimer, à
une pleine maturité. Ce n'est pas qu'il fît difficulté
d'avouer que Bourdaloue avait apporté dans sa
méthode une rigueur excessive, et, venant à le
comparer à Bossuet, dont le souvenir ici ne pouvait manquer de reparaître souvent, il traça le
parallèle des deux grands orateurs chrétiens sous
une forme très-vive et qui sut charmer des juges
éminents.

« La comparaison si vieille et toujours vraie entre l'éloquence et les luttes de la guerre, Bourdaloue, nous le savons,
ne la justifie pas moins que Bossuet; mais, entre l'un et
l'autre, quelle différence dans la manière de combattre ! Oui,
l'éloquence de Bossuet, c'est bien la lutte à outrance, la
bataille à mort. Par la soudaineté de son génie, par la hardiesse et la rapidité de ses mouvements, par cette impétuosité
qui n'exclut pas cependant l'ordre et la retenue, l'évêque de
Meaux a quelque ressemblance avec le vainqueur de Rocroy.
Comme lui, il trouble, il étourdit, il culbute l'adversaire; ce
sont de grands coups qui étonnent. Personne, au dix-septième siècle, n'était mieux fait que Bossuet pour comprendre, pour admirer et pour louer dignement Condé : ces deux
grands hommes ont le même tour de génie. Bourdaloue, au
contraire, par la marche méthodique et régulière de ses raisonnements, rappelle plutôt la tactique prudente de Turenne.
Comme lui, il n'avance que pas à pas, déployant, au moment
voulu, les diverses parties de son discours, soigneux d'assurer toujours ses derrières, et préparant lentement une victoire sûre, sinon décisive. Mais la capitale différence, c'est

que Bossuet engage le combat sur tous les points, accablant l'ennemi de mille manières diverses et ne lui laissant pas le temps de se reconnaître; *il pénètre de toutes parts dans la place : c'est un assaut général.* Bourdaloue, s'il dispose ses forces avec art, s'il les fait marcher en bon ordre, les porte toutes sur un seul point; il ne s'empare jamais que d'un bastion. *Sans doute, cette position unique, sur laquelle il concentre ses efforts, devrait être la clef de toutes les autres;* mais qui ne sait qu'il n'en va pas toujours ainsi, et que, la raison prise, on n'est pas pour cela maître de l'âme? »

La seconde partie du livre traite de la *doctrine* chez Bourdaloue, c'est-à-dire de l'ensemble de ses enseignements, soit sur le dogme, soit sur la morale. Là, une question délicate attendait le jeune écrivain, et il a su y toucher d'une main légère et ferme tout ensemble. On a dit que Bourdaloue était la meilleure réponse que les Jésuites eussent faite aux *Provinciales.* A. Feugère s'est emparé du mot, et, par de piquants rapprochements, il a dégagé des sermons de Bourdaloue la réfutation suivie, presque *pied à pied,* des reproches adressés aux Jésuites par Pascal. Il remarque même finement que, plusieurs fois, Bourdaloue s'est donné le malin plaisir de couvrir ses plus rigoureuses exigences de l'autorité des docteurs prétendus relâchés. Cependant, nous savons gré à A. Feugère d'avoir parlé avec une réserve pleine de goût et de justice « des grands jansénistes de Port-Royal », et, la part de leurs erreurs une fois faite, d'avoir rappelé les services qu'ils rendirent par leurs vertus et leur science à la renaissance catholique du XVIIe siècle. Ainsi s'explique l'indulgence qu'ils ont rencontrée auprès des esprits, qui n'appliquent pas aux hommes la logique à outrance de Joseph de Maistre.

« On ne les considère pas, dit A. Feugère, comme des rameaux complétement détachés; on ne les confond pas avec ce bois mort de l'Evangile qu'il faut jeter au feu : ils sont plutôt semblables à ces branches rebelles, qui ne veulent pas prendre le pli et dérangent l'harmonie du verger, mais qu'on hésite à couper, parce qu'elles donnent encore de l'ombre et des fruits. »

Nous voudrions nous arrêter sur plusieurs autres questions, traitées dans ce même chapitre, et qui mériteraient de nous retenir longtemps; mais l'historien de Bourdaloue, dans ses larges et riches développements, et Bourdaloue lui-même souffriraient trop à être resserrés dans une sèche analyse. Recommandons, du moins, au lecteur chrétien les pages d'A. Feugère, coupées par de longues et belles citations, sur l'esprit pratique de la morale de Bourdaloue, sur les écueils et les dangers qui menacent la dévotion elle-même, enfin sur cette admirable théologie de l'aumône qui donne satisfaction aux besoins du pauvre sans contester aucun des droits du riche.

C'est dans la troisième partie de son étude : la

peinture morale chez Bourdaloue, qu'A. Feugère devait naturellement faire le plus heureux usage de cette méthode qui, loin d'isoler les personnages, les replace dans leur milieu. Les *Sermons* de Bourdaloue qui sont, avant tout, la peinture du cœur humain et de ses éternelles faiblesses, deviennent encore le tableau vivant, expressif, mais sévère et parfois impitoyable du XVIIe siècle. C'est que, sans séparer le dogme de la morale, Bourdaloue appuie davantage sur celle-ci, et plus qu'à Nicole, on lui appliquerait le mot de Mme de Sévigné : « Ce qui s'appelle chercher dans le fond du cœur avec une lanterne, c'est ce qu'il fait. »

Il faut en convenir : si nous en sommes encore au *Siècle de Louis XIV* de Voltaire, nous devons, en lisant Bourdaloue, nous préparer à des surprises et à des mécomptes. Mais la vérité n'a point à se demander si de quelque manière elle va désenchanter notre admiration. D'ailleurs, ce sont les autorités les moins suspectes que le critique appelle en témoignage des sévérités de Bourdaloue, et même, pour n'être pas accusé de noircir à plaisir ses tableaux, il n'a usé qu'avec discrétion des *Mémoires* de Saint-Simon. Le noble duc ne paraît dans le procès que comme ces témoins desquels on n'exige pas le serment, parce qu'ils sont trop proches parents de l'accusé, pour ne pas apporter, dans leur déposition, trop de haine ou trop de faveur. Mais, Saint-Simon écarté ou entendu *sous toutes réserves*, il en reste assez pour déranger bien des opinions reçues et mettre en pièces, hélas! les draperies officielles dont la tradition, complice de la gloire littéraire, avait revêtu à nos yeux le XVIIe siècle. Et ce qui rend le témoignage de Bourdaloue particulièrement redoutable, c'est qu'il n'y a, dans sa prédication, aucune arrière-pensée d'allusion satirique, mais seulement le grave sentiment de ses devoirs, et la résolution de les remplir avec une liberté tout apostolique.

Quand l'orateur chrétien, par exemple, décrit les manéges des courtisans et flétrit leurs bassesses, croit-on qu'il ne fasse alors que renouveler le lieu commun classique? Voici La Feuillade, qui, après avoir fait élever, sur la place des Victoires, la statue du Roi, la consacre, raconte Choisy, « avec toutes les prosternations que les païens faisaient autrefois devant les statues des empereurs »; il fonde « les lampes éternelles, qui devaient éclairer la statue nuit et jour »; il forme même le dessein d'acheter une cave dans l'église des Petits-Pères et de la pousser par-dessous terre jusqu'au milieu de la place, afin de se faire enterrer précisément sous la statue du Roi. N'était-ce pas, comme dit Bourdaloue, « servir les hommes jusqu'à les susbtituer en la place du premier souverain maître? »

Bourdaloue, un jour, laisse tomber de la chaire ces mots terribles : « Un homme parfaitement irréprochable dans le maniement des deniers publics, et qui sort les mains pleinement nettes de certains emplois, est presque maintenant pour nous un prodige. » Est-il commentaire plus précis de ce texte que cette parole du chancelier Le Tellier aux secrétaires du roi : « Point de finesse, messieurs, *point de friponneries,* » et, à ce propos, la réflexion de Mme de Sévigné : « Cette réponse donne de grandes espérances de l'exacte justice; cela fait plaisir aux gens de bien? » Et comment encore ne pas rappeler la parole si naïvement cynique du surintendant Maisons, à la nouvelle qu'on lui enlevait les finances : « Ils ont tort, car j'ai fait mes affaires et j'allais faire les leurs. »

« Le jeu, disait encore Bourdaloue, n'est plus un divertissement, mais une occupation, mais une profession, mais un trafic, mais une attache et une passion, mais, si j'ose ainsi parler, une rage et une fureur. » Voulez-vous la preuve historique de ces paroles? Mme de Montespan perdait dans une soirée sept cent mille écus. La pieuse Marie-Thérèse elle-même oubliait parfois la messe pour le jeu. En face de la phrase grave du prédicateur chrétien, et pour la justifier, relisez aussi cet extrait de la correspondance de Madame : « On joue ici des sommes effrayantes, et les joueurs sont comme des insensés. L'un hurle, l'autre frappe si fort sur la table du poing que toute la salle en retentit ; le troisième blasphème d'une façon qui fait dresser les cheveux ; tous paraissent hors d'eux-mêmes et sont effrayants à voir. » Aussi l'art de *piper* était devenu aussi commun que celui de ne pas payer ses dettes, et, dans l'oraison funèbre de Henri de Bourbon, Bourdaloue faisait honneur à son héros, premier prince du sang, d'avoir accompli ce devoir.

Le commentaire historique du sermon de Bourdaloue sur l'*Impureté* va même jusqu'à projeter sur le XVIIe siècle des lueurs vraiment sinistres. « L'empoisonnement, s'écriait Bourdaloue, était parmi nous un crime inoui ; l'enfer, pour l'intérêt de cette passion (l'impureté) *l'a rendu commun.* » Si l'on est disposé à croire que l'orateur a généralisé outre mesure, il faudra se rappeler que le mot de Tacite : *incertum valeludine an veneno,* se répète à la mort de chaque personne de qualité ; il faudra surtout penser à cette déclaration faite par La Voisin, avant de mourir : « Un grand nombre de personnes de toute sorte de conditions se sont adressées à moi pour demander la mort et les moyens de faire mourir beaucoup de personnes, et c'est la débauche qui est le premier mobile de tous ces désordres. » Nous ne faisons ici que feuilleter trop rapidement les pages consacrées par A. Feugère à cette étude historique, très-habilement conduite, des sermons de Bourdaloue. Laissons au lecteur le plaisir de les achever, mais ajoutons que le jeune écrivain, avec cet esprit de parfaite mesure qui ne l'abandonne jamais, tient à ne pas nous laisser sur des impressions aussi pénibles, et si, avec Bourdaloue, il visite hardiment les parties sombres du XVIIᵉ siècle, il nous ramène en terminant vers des régions plus consolantes, et met lui-même en lumière les beaux côtés d'une société où, malgré les défaillances et les dérèglements, la sève chrétienne circulait encore dans toutes les branches. « Pour être juste envers le XVIIᵉ siècle, dit-il fort bien, il ne faut l'appeler absolument ni le siècle de la vertu, ni le siècle de la corruption ; il faut l'appeler le siècle des grands repentirs, ce qui suppose tout à la fois et de graves désordres, et de puissantes énergies morales pour les réparer. C'est là le trait dominant des mœurs de cette époque et ce qui les distingue profondément de celles des temps qui les suivirent. Au XVIIIᵉ siècle, la licence sera, sinon plus scandaleuse, du moins plus générale encore, et l'on ne se repentira plus. »

Cette courte analyse n'a pu comprendre d'autres parties considérables de l'œuvre d'A. Feugère : elle suffira, nous l'espérons, pour faire entrevoir l'art savant d'une composition, à la fois précise et large, qui donne à un sujet toute son étendue sans la dépasser. Les citations aussi que nous avons détachées témoignent de la valeur de l'écrivain. Sa phrase naturelle, abondante, d'un mouvement égal et soutenu, convenait singulièrement à la gravité, à la hauteur de ces belles études d'éloquence chrétienne : si la netteté, la force en sont les qualités les plus saillantes, on voit que la sévérité de l'expression n'exclut pas, au besoin, la grâce poétique d'une image qui jette un plus vif reflet sur la pensée.

Mais ce ne sont pas à des mérites purement littéraires que notre conclusion doit s'arrêter. Ce qui nous touche davantage, c'est le grand sens chrétien qui est l'inspiration, l'âme de tout le livre ; c'est la piété d'un fils dévoué de l'Eglise, la foi et le respect attendri avec lequel il a montré que la parole chrétienne au XVIIe siècle, comme dans tous les temps, ne faillit à aucun de ses devoirs. Il faut laisser à l'ignorance ou à la haine cette basse accusation de flatterie portée contre des hommes tels que Bourdaloue et Bossuet. Sujets fidèles du roi, ils saluaient surtout dans Louis XIV la majesté d'un pouvoir qui venait de Dieu ; mais ne croyez pas que le respect dont ils entouraient la personne royale, que l'hommage public qu'ils lui rendaient fît tort en quel-

que chose à l'austère franchise de leur parole.
Non, cette liberté hardie contre les désordres qui
remplissaient le monde, la cour, le sanctuaire
même, ne se trouvait pas en défaut quand elle
s'adressait à la personne même du roi. Ce prince,
dont l'autorité était sans bornes, s'entendait dire
par un simple religieux que le salut lui était plus
difficile qu'au moindre de ses sujets. « Régner
sur la terre, pour ne jamais régner dans le ciel,
c'est le sort d'un million de princes, mais de princes réprouvés et par conséquent malheureux. »
Tant que durèrent les désordres de la vie du roi,
Bourdaloue les combattit avec une énergie infatigable. Pendant la faveur de Mme de Montespan, il
revient sans cesse sur « cet esclavage des sens, »
sur cette « fascination d'esprit, » cet » ensorcelle-
ment du cœur. » Et à la fin d'un carême, Bourdaloue, du haut de la chaire, osait refuser l'absolu-
tion au roi impénitent, comme à tous ceux qui
ne rompent pas avec le péché. « Qu'il n'y ait personne assez téméraire pour prétendre à cette
Pâque sans avoir ce caractère particulier du disciple de Jésus-Christ. *Fût-ce le premier conquérant
du monde qui s'y présentât, fût-ce le premier
monarque du monde,* nous lui ferions entendre
les défenses et les menaces du souverain Maître,
dont il viendrait profaner le céleste banquet. » On
pourrait relever dans le livre d'A. Feugère cent

autres passages qui témoignent de l'indépendance apostolique que la parole chrétienne sut montrer en présence du souverain le plus absolu et le plus flatté de notre histoire. Cette vérité, le jeune écrivain l'a mise en pleine lumière, et c'est là, à nos yeux, le résultat le plus précieux de cette forte et généreuse étude de littérature chrétienne. Souhaitons à la democratie, notre souveraine aujourd'hui, qu'elle ait des flatteurs comme Bossuet et Bourdaloue !

Avec le livre sur Bourdaloue, A. Feugère présenta à la Faculté des lettres, comme sujet de thèse latine, une étude piquante du rôle politique de Mécène. Ce sujet l'avait attiré par sa difficulté même. Que Mécène ait pris une part considérable à la révolution progressive et lente, d'où allait sortir l'empire romain, qu'il ait servi plus que tout autre à fonder, à étendre, à maintenir la puissance d'Auguste, tout ensemble par la hardiesse prudente de ses conseils, la grâce et les séductions de sa personne, on n'en peut douter; et cependant on est surpris de voir combien, dans l'histoire, sont faibles et rares les témoignages positifs qui aideraient à résoudre cette question. Le très-habile protecteur des lettres, même le fin causeur et l'épicurien délicat, nous pouvons les ressaisir chez Horace et d'autres poètes; mais l'homme politique se dérobe ou à peu près. Le

négociateur heureux, qui divisa adroitement les
ennemis d'Octave pour préparer leur défaite suc-
cessive; l'administrateur de Rome, qui, pendant
l'absence d'Octave, étouffa sans éclat la conjuration du fils de Lépide; le conseiller persévérant
d'une politique ferme et modérée, tout ce Mécène,
en un mot, intérieur, secret, qui s'efface volontai-
rement et n'en travaille pas avec moins d'activité
à la fortune de son maître, il nous le faut deviner
à travers des citations éparses et incomplètes,
quelques lignes rapides de Tacite et le discours
d'une vérité suspecte que lui prête Dion Cassius.
On comprend qu'un esprit curieux comme celui
d'A. Feugère ait été attiré par la délicatesse de ce
problème historique. Sans croire qu'il parviendrait
à le résoudre, il ne lui déplaisait pas de l'aborder.
Son étude, ainsi qu'il le prévoyait, n'aboutit pas,
sans doute, à des conclusions rigoureuses; elle ne
peut, ni ne prétend percer des voiles que les contemporains eux-mêmes n'ont pas soulevés; mais
elle fait grand honneur, malgré tout, à la fine
et pénétrante sagacité de l'écrivain, et plusieurs
pages pourraient être citées comme le modèle
d'une discussion historique, conduite avec beaucoup d'art et de ferme précision. Si, dans l'œuvre
commune, la part distincte de Mécène et celle
d'Auguste restent difficiles à déterminer, Mécène
nous est mieux connu, et nous voyons clairement

de quelle manière ses bonnes grâces et ses pré-
venances à l'égard des hommes de lettres se rat-
tachaient à son rôle politique. Quant à la forme
elle-même du travail d'A. Feugère, nul ne sera
étonné qu'il ait retenu, en latin, toutes les qualités
de son style précis, délicat et fort.

VI

Après l'éclat de ce double succès à l'Académie française et à la Faculté des Lettres, A. Feugère ne pouvait tarder à voir s'ouvrir devant lui l'enseignement supérieur. L'occasion presque immédiate qui se présenta ne laissa pas de le troubler quelque peu. M. de Loménie, professeur de littérature française au Collége de France, s'était résolu à prendre un congé qu'il avait dessein, malgré sa santé déjà menacée, de consacrer à l'achèvement de ses belles études sur les Mirabeau. Il offrit au jeune lauréat de se charger de son cours pendant le premier semestre de l'année 1874-75. La proposition était séduisante; mais A. Feugère, nullement par cette défiance de soi qui peut être une forme de l'amour-propre, mais par ce simple et grave sentiment du devoir qu'il portait en toutes choses, résistait à s'engager dans une voie nouvelle sans s'y être longuement préparé. Les conditions de cette suppléance ne devaient pas lui

permettre d'abandonner son cours au collége Stanislas. Etait-il sage d'accepter deux fonctions, délicates et difficiles l'une et l'autre, et qui pouvaient
se contrarier? Ses forces et son temps suffisaient-
ils? Et les devoirs d'un cours public ne le force-
raient-ils pas (ce qu'il ne voulait à aucun prix) de
diminuer la part de travail et de soin qui était
due à ses élèves? Il fallut, pour décider A. Feugère,
une affectueuse insistance et peut-être aussi la
pensée qu'il n'avait plus le droit de refuser une
situation qui pouvait intéresser un autre avenir
que le sien.

C'était là, en effet, pour A. Feugère l'espoir consolant qui, tous les jours, sans diminuer la tendresse douloureuse de ses souvenirs, prenait plus
de place dans sa vie. Il avait été convenu qu'à
la fin du mois d'août, il irait rejoindre la famille
Demante à Castelnaudary, au *Président,* qui était
la résidence du père de Mme Demante, M. Driget.
Quelques mois auparavant, le bon vieillard avait
été enlevé à l'affection des siens qui, chaque
année, venaient passer auprès de lui les vacances.
Mlle Demante écrivait à son fiancé :

« Je serais heureuse de voir approcher le 26 août; il me
tarde de vous introduire dans cette chère maison, objet de
mes affections. Mais rien n'est complet en ce monde; mieux
qu'un autre vous savez comme le bonheur dure peu. Mon
cher et excellent grand-père nous manque bien! Je ne peux

vous dire le chagrin que j'ai eu en revoyant ce *Président* dont il était l'âme et la vie. Il aurait été si satisfait de vous y recevoir... Enfin, encore une fois bénie soit la volonté de Dieu! Nous irons ensemble demander à ce saint vieillard la bénédiction qu'il m'eût été si doux de recevoir de sa main. Ma sainte grand'mère y joindra la sienne, et, croyez-le, nous serons riches! »

Cependant A. Feugère, avant sa visite au *Président*, devait d'abord rencontrer Mlle Demante à Lourdes, qu'il traversait une première fois en allant retrouver sa mère à Cauterets, où elle prenait les eaux. De Cauterets, il écrivait à Mlle Demante :

« Quoique vous m'ayez pris quelquefois presque pour un mécréant, vous savez si je serai heureux de vous rencontrer à Lourdes. Je l'ai senti avec une efficacité nouvelle, l'autre jour, en passant une première fois devant Lourdes, en chemin de fer. On voit très-bien l'église et la grotte, de la ligne de Pau par laquelle j'arrivais. J'ai bien pensé à vous encore le lendemain, samedi, jour de l'Assomption. Tout ce que j'ai lu au retour, dans votre bonne lettre, sur le souvenir et l'union dans la prière, était déjà bien avant dans mon cœur. »

Sans doute, cette épithète de *mécréant*, A. Feugère se l'était attirée par quelque légère résistance à des récits qui lui avaient semblé trop facilement acceptés. Il raillait doucement ce besoin trop impatient du miracle, comme si la foi ne pouvait être rassurée que par des témoignages sensibles.

Ce *mécréant*, d'ailleurs, n'en écrivait par moins à la mère de sa fiancée :

  « Je n'oublie pas que c'est demain la Sainte-Jeanne de Chantal. Je me joins par la pensée à tous ceux qui ont le plaisir de vous offrir leurs souhaits de vive voix, et je vous envoie de loin mes vœux les plus ardents et les plus sincères. Je prie Dieu de vous accorder toutes les consolations qu'il permet en ce monde. Y contribuer, pour ma part, de mon mieux, est aussi, vous le savez, ma chère mère, un de mes plus vifs désirs. J'espère que cette lettre vous trouvera tout à fait remise de l'indisposition dont vous avez souffert à votre arrivée. J'ai la plus grande dévotion à la Vierge de Lourdes, quoi qu'en dise quelquefois votre méchante petite fille; je crois bien volontiers aux guérisons qui s'opèrent à la grotte : mais, je l'avoue, j'ai la faiblesse de préférer encore que nous y arrivions tous bien portants. Le jour approche où je serai heureux de vous rencontrer à ce saint rendez-vous. Nous y demanderons ensemble et j'espère que nous y obtiendrons beaucoup pour l'avenir. »

La vie renaissait pour lui. Mais il ne sacrifiait au présent aucun des chers et douloureux souvenirs du passé. Admirable bienfait de la religion d'agrandir ainsi le cœur humain, de le détacher de ces jalousies égoïstes qui le resserrent, de ne lui imposer même aucune silencieuse infidélité à la mémoire des absents! A. Feugère savait bien qu'il s'adressait à une âme capable de comprendre toutes ces délicatesses, quand à la même époque, près de la revoir, il écrivait à Mlle Demante :

« Vous devinez, sans que je vous le dise, quelles pensées m'ont occupé pendant les longues heures du trajet quand je me retrouvais sur cette ligne que je n'avais jamais prise, depuis le voyage d'Arcachon ! Combien je remercie Dieu d'avoir permis de si douces consolations, après de si dures épreuves, et d'avoir voulu que le souvenir et l'espérance n'eussent rien à s'envier l'un à l'autre. »

Le temps n'altéra pas ce souvenir d'une inviolable constance, et, plus tard, au foyer des nouveaux époux, nous remarquâmes, non sans émotion, que le portrait de la morte bien-aimée était placé sous l'image même du Christ, aux pieds duquel tous deux s'agenouillaient le soir pour la prière.

Le séjour d'A. Feugère au *Président* fut plein de douceur, et cette reprise à la vie d'un cœur si cruellement blessé nous est attestée dans ces vers charmants, à l'adresse de sa fiancée, qu'il composa pendant une nuit, troublée au dehors par une violente tempête :

> « Chère compagne de mon âme,
> Pur foyer, dont la douce flamme
> A ranimé mon triste cœur ;
> Unique objet de ma tendresse,
> Délicieuse enchanteresse
> Qui charmez jusqu'à la douleur,
>
> Je pense à vous. — La nuit sauvage
> Semble hurler, folle de rage,

Sous le fouet des vents en courroux ;
Le toit tremble, la porte crie.
Mais que m'importe la furie
De l'ouragan ? — Je pense à vous !

En vain, sous ma paupière close,
J'attends que le sommeil se pose ;
Le sommeil fuit. — C'est un peureux.
Votre image douce et bénie
Me fait oublier l'insomnie.
Je pense à vous. — Je suis heureux !

Seul, avec mon amour fidèle,
Dans ma mémoire je rappelle
Tous les secrets du souvenir,
Les mots, les regards, les pensées,
Les confidences commencées,
Que nous ne savons pas finir.

Puis je songe aux douleurs anciennes,
Lorsque vos larmes, sœurs des miennes,
Pleuraient mon bonheur envolé ;
Communion de la souffrance,
Qui fit refleurir l'espérance
Dans mon cœur vide et désolé !

Notre amour, — le mien est si tendre,
Qu'au vôtre un peu j'ose prétendre, —
Est fils de la prière en deuil ;
Dieu permet, ô ma bien-aimée,
Qu'une belle rose embaumée
Fleurisse à côté d'un cercueil.

Ces pensers roulent dans ma tête ;
Vous, là-haut dans votre chambrette,

Ne pensez pas. — Dormez en paix !
Sur vous, votre ange étend son aile.
Dormez sous la main paternelle
De Celui qui ne dort jamais.

Oui, dormez d'un sommeil sans crainte,
Aussi pur que votre âme est sainte,
Aussi profond que votre foi.
— Rêvez pourtant, belle endormie :
Je vous parle en ma rêverie,
Dans vos rêves, répondez-moi!. .

« Castelnaudary, 2 septembre 1874, 2 heures du matin. »

Si nous faisions une étude purement littéraire, nous devrions insister sur ce don poétique d'A. Feugère. Là encore on retrouverait ses essentielles qualités, la justesse comme la hauteur de la pensée, la grâce de l'expression avec de plus vifs reflets et un plus touchant accent de tendresse. Mais la poésie ne pouvait avoir qu'une place bien restreinte au milieu d'études sévères et exigeantes : elle ne fut chez A. Feugère que la confidente de ses sentiments intimes, une partie de sa vie toute réservée et secrète. Qu'on nous permette cependant, par quelques citations, de faire entrevoir l'homme lui-même dans le poète, de montrer comme toute grande et généreuse pensée faisait battre ce noble cœur. Vous entendiez tout à l'heure l'expression d'une tendresse émue et reconnaissante. Voici maintenant l'éloquente affirmation de la foi contre l'orgueil d'une science impie et mensongère :

« O mes enfants, priez! La voix qui sort d'une âme
Que la douleur accable ou que l'amour enflamme
N'est point un son perdu dans le vide éternel ;
Et le cri de la terre arrive jusqu'au ciel.
Naïve illusion, rêve de l'ignorance!
Dira l'impiété déguisée en science,
Comme un crédule enfant qui sourit au miroir
Et tend ses petits bras à l'enfant qu'il croit voir,
Le croyant exalté, dupe de sa prière,
Prend pour la voix des cieux un écho de la terre ;
Il s'écoute lui-même et croit entendre Dieu!
— Ainsi donc, c'est en vain qu'en tout siècle et tout lieu,
Hymnes et chants sacrés, prêtre, autel, sacrifice,
Proclament le besoin, l'espoir d'un Dieu propice?
En vain, peuples divers par les lois et les mœurs,
Mais témoins éloquents même par vos erreurs,
Adorateurs du feu, des forces souterraines,
Ou du ciel et des flots, des bois ou des fontaines,
Les uns, divinisant les fléaux ennemis,
D'autres, sacrifiant aux mânes endormis,
Tous, vous sentez quelqu'un présent dans l'invisible,
Et tous, le même instinct naturel, invincible,
Vous agenouille aux pieds de vos divinités :
Non ; le délire égare empires et cités,
Babylone et Memphis, Jérusalem et Rome!
— O sagesse outrageuse à Dieu, bien moins qu'à l'homme!... »

Ce n'est pas que cette âme n'ait eu aussi ses troubles et ses ombres. Il put écrire dans une de ces heures de défaillance :

« Je voudrais espérer un avenir meilleur...
Mais soudain mon esprit s'arrête dans la route,
Et je sens que ce mal hideux, ce ver rongeur
         Qu'on appelle le doute,
Se glisse lentement dans mon malheureux cœur. »

Mais la crise sera courte, et, relevant le front sur
lequel il lui semble qu'une douce main s'est posée,
il s'écrie :

     « Ah ! je ne doute plus : la foi rentre en mon âme ;
       Je ne sais plus qu'une chose : espérer ! »

L'élan ne s'arrête plus et son âme aspire à briser les derniers liens de la terre :

« Dieu ! je voudrais monter, voler, planer aux cieux !
Je voudrais m'élever aux voûtes éternelles.
L'immensité, grand Dieu ! Que je serais heureux !
       Donnez-moi des ailes ! des ailes !
Qu'ils sont beaux, qu'ils sont grands ces mondes infinis
Que je regarde au ciel suspendus sur ma tête !
Que ne puis-je, brisant le lien qui m'arrête,
Me soulever, errer de planète en planète,
Et contempler sans fin tes célestes parvis !
Non, se sentir toujours attachés à la terre,
Aspirer vers le haut et demeurer en bas !
O torture de l'âme, impuissance, misère !
O Dieu qui vois mes fers, ne les rompras-tu pas ?
De ton divin palais, que les voûtes sont belles !
Ah ! permets-moi d'aller, dans un vol surhumain,
Contempler de plus près les œuvres de ta main :
       Donne-moi des ailes ! des ailes ! »

Ce qui nous invite à nous arrêter aux poésies d'A. Feugère, c'est avant tout l'intérêt de l'étude morale que nous essayons. Nous entrons, il nous semble, plus avant dans les parties élevées ou aimables de cette âme, à laquelle on n'aurait pu reprocher que trop de réserve parfois dans l'expression de ses sentiments. La poésie a ce don de trahir ses secrets. Elle nous apprendrait, par exemple, qu'il eut, lui aussi, vers sa vingtième année, sa saison de rêverie mélancolique, et que la gloire passa devant lui et l'éblouit un instant. Il aurait souri, je le crois, si un jour ces vers, qui portent leur date, étaient retombés sous ses yeux :

« Oui, je voudrais avoir le don de poésie.
Je voudrais qu'une fée, au berceau de ma vie,
Eût fait sur mon front pur luire un rayon du ciel ;
Je voudrais que l'esprit brûlât ma jeune tête.
Que ne puis-je, ô Virgile, au sommet de l'Hymète,
Aller, en t'embrassant, ravir un peu de miel !

Je voudrais te connaître, ô divine harmonie !
Être pur comme un ange et fort comme un génie,
Et tirer de mon cœur ces mots qui font pleurer ;
Je voudrais voir la foule, autour de moi pressée,
Chercher dans mon regard l'œuvre de ma pensée,
Et comme on fait aux rois, me suivre et m'adorer.

Oh ! la gloire ! la gloire ! idole souveraine !
Combien en te cherchant qui tombent hors d'haleine,

Et dont le genre humain ne connaît pas le nom !
Combien sont disparus dans leur obscur génie,
Qui te sacrifiaient les rêves de leur vie,
Qui perdaient leur bonheur pour un peu de renom !

.   .   .   .

.   .   .   .

Combien d'illusions ai-je déjà bercées !
Combien de songes doux et de douces pensées !
Combien aussi de pleurs et de rêves pesants !
Me faut-il dans ma nuit m'enterrer sans rien dire,
J'en ai trop sur le cœur ! Une lyre ! une lyre !
Je sens de toutes parts déborder mes vingt ans ! »

Cette gloire pure qu'il rêvait, il savait déjà
qu'elle ne s'achète qu'au prix de la douleur ; et
cette pensée, dans une pièce consacrée au Dante,
inspire au jeune poète ce beau mouvement :

« Ne pas savoir pleurer, c'est ignorer la vie ;

.   .   .   .

Tout grand homme l'a dit : Malheur à ceux qui rient !
A ceux de qui la joie emplit seule les cœurs !
Bienheureux seulement ceux qui pleurent et prient ;
Tout ce qu'on fait de grand se fait avec des pleurs. »

Mais A. Feugère devait traverser seulement ce
champ des pleurs de la poésie moderne, et son
ferme bon sens comprit bien vite le danger de ces
complaisances mélancoliques qui nous font croire
à des vertus dont nous n'avons eu que l'émotion.

Il aima les grands poètes de son temps; il reconnut qu'ils avaient ajouté à la lyre des cordes nouvelles; mais il chercha autre part la direction de sa vie : il la demanda à la foi chrétienne, la seule qui ait le secret de rendre nos larmes fécondes en les bénissant!

Cependant A. Feugère dut faire violence à ses plus doux sentiments et s'arracher au séjour du *Président*. La Normandie le réclamait. Le mois de septembre était à demi-écoulé, et il devait songer que l'année scolaire serait doublement chargée pour lui. La proposition de M. de Loménie avait été accueillie sans difficulté par les professeurs du Collége de France, et A. Feugère nommé *chargé de cours* devait se préparer aux devoirs d'un double enseignement.

Mais du Midi il rapportait une provision de courage et d'espoir, et lui-même raconte à sa fiancée son retour auprès de ses enfants :

« Le peu d'heures que j'ai passées à Paris, écrit-il, ont été bien occupées. J'étais à six heures à la messe rue de Sèvres. Jamais il ne m'arrive d'être si matinal. Puis j'ai trouvé bien des petites affaires à régler; des lettres dont il m'a fallu prendre connaissance; un gros volume de vers élucubrés par deux poètes, qni accompagnaient cet envoi d'une missive à mon adresse, dont j'ai ri de bon cœur. Après toutes sortes de compliments et de protestations d'amitié (notez que je ne les ai jamais vus), ils me demandent, pour faire connaître leur muse du grand public, le secours « de ma plume autorisée; »

car, ajoutent-ils mélancoliquement, pour notre poésie « nos montagnes n'ont pas d'écho. » Je me dispose à leur répondre que je suis absolument comme leurs montagnes, et que « ma plume si autorisée » est encore une illusion dont ils doivent se désenchanter. J'étais à Louviers à quatre heures ; ma sœur m'attendait à la gare, je lui ai trouvé bonne mine, l'air calme et heureux. Il me tardait de voir et d'embrasser mes chéries. J'ai fait atteler aussitôt Coco à la petite voiture, et je suis venu seul à Saint-Didier, où j'étais avant six heures. Je vous laisse à penser l'accueil que j'y ai reçu. Les deux fillettes sont en bien bon état, fraîches et roses comme la santé même. Hélène est très-grandie ; Geneviève toujours pétulante et bien gentille. Hélène avait rêvé, la nuit précédente, qu'elle était pendue au cou de son papa. Geneviève avait mis dans sa tête depuis plusieurs jours d'être à côté de moi à table. Je l'avais donc à ma droite. Cela m'était nécessaire pour m'aider à ne pas trop souffrir d'être privé d'un autre cher voisinage. La chère enfant m'a couvert de baisers tout le temps du dîner : vous savez qu'elle ne se contient pas ; c'étaient de vrais transports. Sa sœur n'est pas demeurée en reste. Je leur ai donné tous les souvenirs et les friandises dont vous m'aviez chargé pour elles ; chargé est le mot, car j'en trouvais dans tous les coins de mon sac et de ma valise. »

Les vacances furent laborieuses, mais l'âme était relevée. De retour à Paris dans les premiers jours d'octobre, il ne voulut plus distraire de son travail aucune partie de son temps, et recommença ses studieuses et trop longues veillées qui ne laissaient pas d'inquiéter la sollicitude de ses amis. Lui-même n'échappait pas toujours à quelque défiance de ses forces : « Puissé-je ne pas m'en repentir, écrivait-il un jour; il faudrait être plus fort de toute manière. » Et il ajoutait gracieusement un conseil qui nous montre combien, si dur à lui-même, il était attentif pour autrui et plein de ménagements :

« Dormez de bonnes et longues nuits. Rappelons-nous que notre bonne santé fait du bien aux autres : tout le monde y gagne, même le bon Dieu. »

Il avait quitté son appartement de la rue Saint-Placide, et était venu demeurer au boulevard Saint-Michel, pour se rapprocher de la famille Demante. Sa fiancée, de son côté, encore dans le Midi, allait abandonner la maison de famille, et ils se rencontrèrent ainsi dans l'expression d'un même sentiment. Mlle Demante écrivait :

« Les larmes envahissent mon cœur en pensant qu'il faut dire adieu à ces chers murs, témoins discrets mais fidèles de tant de choses diverses. Il ne faut pas s'attacher aux murs, je me le dis sans cesse, les cœurs sont de meilleures pierres, celles-là vous suivent. Malgré ce raisonnement, on ne peut se détacher complétement, et plus on tire son pauvre cœur, plus il semble se coller à ce qu'il aime depuis tant d'années... »

A. Feugère, sans être insensible à cette même impression, veut qu'on la domine :

« Comment voir sans émotion la solitude se faire dans des lieux peuplés de souvenirs, surtout quand ces lieux nous ont vus tour à tour à toutes les extrémités de bonheur et de souffrance, que comporte l'instabilité de la vie humaine? Mais cet attachement aux choses doit rester secondaire; il n'a même quelque valeur que par l'attachement aux personnes qu'il symbolise. Remercions Dieu quand il ne nous sépare que des choses! »

Et il ajoute d'un ton aimable ces sages conseils :

« Tâchons donc de ne nous point faire de peines, de craintes, de soucis inutiles; tâchons de goûter le repos, surtout de le chercher et de le voir où il est. Vous dites très-bien qu'il faut supporter gaiement les misères et s'en faire un mérite. Je trouve votre *gaiement* très-juste, quoique pas toujours facile à réaliser. La gaieté, en effet, exclut à la fois les peines excessives pour les petites choses qui n'en valent pas la peine, et la résignation inerte ou découragée qui n'est pas plus chrétienne à mon sens que la révolte. Oui, il faut être gai dans les petits ennuis de ce monde, résigné seulement dans les grandes épreuves, courageux toujours. Me voilà bien fort pour moraliser : croyez-vous donc que vous serez toujours seule à faire des sermons! et que j'aurai étudié Bourdaloue pour rien! »

La dernière lettre qui précéda le retour de Mᵐᵉ Demante, nous introduit dans ce cabinet du boulevard Saint-Michel, où le travail le plus rude, mais le plus doucement encouragé par la tendresse, allait si souvent retenir le jeune professeur.

« Surtout ne retardez plus, écrit-il. Vous devinez avec quelle impatience vous êtes attendue. Je me répète souvent

à moi-même le vers de la fable des *Deux Pigeons :* l'absence
est le plus grand des-maux... »

Et d'une plume légère il dessine pour sa fiancée, qui ne la connaît pas encore, la vue qu'il embrasse de ses fenêtres :

« La vue qu'on a sous ma fenêtre est toute riante encore,
malgré l'automne; et comme il fait encore très-chaud, ma
croisée demeure ouverte toute la journée. Tous ces jardins
donnent à la fois beaucoup de gaieté et de silence. A l'heure
où je vous écris (il n'est que dix heures du matin), je n'entends qu'un concert d'oiseaux logés dans les grands arbres.
Sur la droite, j'aperçois le clocher de Saint-Jacques et toute
la nef à travers les branches; c'est peut-être le seul point
d'où l'architecture de cette église fasse assez bon effet. Vous
ne me pardonnerez peut-être pas cette médisance contre
notre paroisse; mais c'est déjà quelque chose que de la
trouver assez jolie d'un certain côté, et vous rencontrerez bien
des gens qui prétendent que ce côté n'existe même pas. Un
peu plus loin s'élève le gros arbre des Sourds-Muets, que
vous voyez de vos fenêtres de la rue des Feuillantines. Il
suffirait d'abattre quelques toits pour voir d'ici votre maison. Bref, je crois que nous finirons par nous installer
agréablement. Nous commençons déjà à bien apprécier
l'avantage d'être si près du Luxembourg. On peut vivre
heureux ici. »

Cependant l'année classique était commencée.
Malgré le temps qui lui était disputé par des
préoccupations si diverses, malgré les devoirs multiples d'une classe nombreuse dont aucun ne

restait en souffrance, A. Feugère, grâce à cette énergie de volonté qui double le prix des heures, était prêt au jour fixé, et le 15 décembre 1874, il ouvrait son cours en dessinant à grands traits le sujet qu'il se proposait de traiter : *Mme de Sévigné et son temps.*

VII.

A. Feugère, dans le choix de son sujet, n'avait
pas seulement suivi une préférence de son esprit depuis longtemps déjà familiarisé avec le
XVIIᵉ siècle; une autre vue l'avait dirigé, et il
l'exposait ainsi dans sa leçon d'ouverture :

« On a reproché à notre pays d'ignorer ses voisins, et le
reproche s'est trouvé trop bien justifié; mais un malheur
plus grand pour une nation que d'ignorer les autres, ce
serait de s'oublier elle-même, d'oublier les caractères essentiels de son génie, d'oublier les lois qui ont présidé à son
développement et les conditions de son antique grandeur.
C'est pourquoi il est bon que chacun de nous, dans la sphère
de ses modestes études, se rende compte des causes qui ont
assuré à notre nation la supériorité de l'esprit, la principale,
messieurs, et qui tôt ou tard entraîne toutes les autres; il
est bon que chacun connaisse, comprenne de mieux en mieux
les chefs-d'œuvre où l'esprit français a trouvé sa plus fidèle
et sa plus complète expression. »

Et il ajoutait que l'étude des grandes époques
classiques n'était pas épuisée, comme on se l'ima-

gine souvent; d'abord, parce qu'en croyant les connaître, souvent on les connaît mal, et surtout parce que c'est leur privilége d'être inépuisables et d'offrir sans cesse un intérêt nouveau.

Les leçons d'A. Feugère devaient confirmer la justesse de cette réflexion. Dès son premier entretien il avait dessiné son plan avec netteté et largeur.

« Mme de Sévigné, disait-il, est un témoin irrécusable, le plus précieux, le plus abondant que nous puissions consulter pour connaître et pour comprendre l'histoire et les mœurs du XVIIe siècle. Mme de Sévigné est en outre, par sa vie, par le cours habituel de ses pensées, et surtout par les influences diverses qu'a subies son génie, une des expressions les plus fidèles et les plus pures de l'esprit de ce même siècle. Enfin, par l'originalité et par l'éclat de ses qualités personnelles, Mme de Sévigné est, dans son siècle même, un écrivain unique en son genre et incomparable. Tel est le triple intérêt de l'étude que nous allons entreprendre ensemble. »

Il suffirait d'analyser, ou mieux, de reproduire la première leçon d'A. Feugère, pour se redonner à soi-même, si elle s'était effacée, une juste et vive image de Mme de Sévigné. La date seule du début et de la fin de sa correspondance suffirait déjà à en marquer l'importance historique. Plus que tout autre, Mme de Sévigné est exactement contemporaine du règne de Louis XIV : elle en voit les premières splendeurs, le plein éclat;

elle assiste à son déclin déjà attristé. Non-seulement ainsi nous retrouverons chez Mme de Sévigné les grands événements même de la politique et de la guerre, mais encore par elle nous pourrons ressaisir l'impression qu'ils causaient sur ceux qui en furent les spectateurs intéressés.

« De la sorte, ajoute le jeune orateur, tandis que Voltaire, par exemple, nous montre le côté extérieur et brillant des choses, Mme de Sévigné, quoique bien étrangère à toute humeur chagrine et à tout esprit de satire, nous en révèlera l'autre face et nous fera connaître, si je puis dire, le revers de la gloire. Tandis que Voltaire nous dit seulement à l'honneur de Louis XIV que des édifices immenses occupaient des milliers d'hommes avec tous les arts que l'architecture entraîne après elle, Mme de Sévigné, qui ne laissera pas d'admirer les magnificences de Versailles, nons fait entrevoir auparavant ce que coûte la construction de cette somptueuse demeure, les dépenses énormes, les travaux gigantesques et *la mortalité prodigieuse des ouvriers dont on emporte toutes les nuits des charrettes pleines de morts.* Tandis que Voltaire encore se contente de nous faire le récit rapide et animé des victoires et des conquêtes du grand roi, Mme de Sévigné, sans être insensible à ces succès inouïs, nous montrera néanmoins *tout le monde en inquiétude ou de son fils, ou de son frère, ou de son mari...* Et quand, plus tard, nous la verrons elle-même trembler ponr la vie de Charles de Sévigné ou du jeune marquis de Grignan, quand nous lirons ces pathétiques peintures de la douleur d'une La Vallière ou d'une Longueville à la nouvelle que leurs fils sont tombés sur les champs de bataille, alors nous comprendrons de combien d'angoisses, de sang et de larmes il fallait acheter les plus belles victoires. C'est que pour juger en toute équité ces princes magnifiques, ces superbes triomphateurs, comme parle Bossuet, il ne faut pas s'en tenir au récit des historiens, qui sont trop souvent les courtisans de la gloire, il est bon aussi de recueillir quelquefois le témoignage des mères. »

Et de quelle valeur est ce témoignage quand il vient d'un esprit aussi pénétrant que celui de Mme de Sévigné, aussi avide de connaître, de découvrir ce qu'elle même appelle « les dessous de cartes, » aussi empressée, dès qu'elle les a découverts, de les révéler à sa fille ! Pour comprendre encore quelle place les lettres qu'on écrivait ou qu'on recevait occupait dans la vie au XVIIe siècle, il faut se rappeler que c'était la seule voie à peu près par laquelle se répandaient les nouvelles politiques, littéraires, religieuses, militaires mêmes. La *Gazette* se publiait sous l'œil du pouvoir, qui ne lui permettait d'annoncer que ce qu'il voulait qu'on sût. A. Feugère, dans une agréable digression, indiquait les changements que le journal avait apportés dans les habitudes modernes :

« Il y a deux choses, je le dis avec regret, deux choses bien françaises auxquelles la diffusion des journaux me paraît avoir porté un très-grand préjudice : l'une est l'esprit de conversation, l'autre est le genre épistolaire. A quoi bon des courses dans tout Paris, des visites, des compagnies, des entretiens pour s'apprendre mutuellement les nouvelles, comme au temps de Mme de Sévigné, quand chacun de nous les apprend en dix minutes par son journal ? Et qui pourrait avoir l'idée d'écrire à des absents pour leur apprendre ce que le journal leur fera savoir avant que notre lettre leur soit parvenue ? Ce serait vouloir faire concurrence aux chemins de fer avec les chaises de poste et les diligences du bon vieux temps. Ajoutons qu'il fallait beaucoup de loisir pour tant causer et pour tant écrire. Nous en avons moins aujourd'hui; nous vivons dans un siècle trop occupé. Chacun est à ses affaires, à ses spéculations, aux soins d'une profession exigeante, et il en apporte la préoccupation et la fatigue jusque dans les réunions du soir et dans le cercle de famille. Je sais qu'il y a encore de fort aimables causeurs, qu'il s'écrit encore de charmantes lettres; et les femmes n'ont pas perdu le privilége qu'elles avaient au XVIIe siècle, d'être, dans ce dernier genre, naturellement supérieures aux hommes... Mais ce sont là des exceptions. En général, c'est chose peu commune de nos jours, qu'un commerce de lettres régulier, suivi, sortant du cercle étroit des préoccupations intimes ou s'élevant quelque peu au-dessus des vulgarités de la vie bourgeoise. L'anecdote même, ce ragoût des conversations et des lettres, comme aurait dit Mme de Sévigné, ne leur appartient plus : la presse en fait chaque jour une partie de son bagage. Nous n'écrivons plus que des lettres de politesse ou d'affaires, toujours trop longues à notre gré. Nous voudrions donner à notre plume la rapidité, à notre style le laconisme télégraphiques. C'en est fait, le genre épistolaire se meurt entre le journal et la carte-poste. »

Si de toutes les correspondances du XVIIe siècle, celle de Mme de Sévigné est la plus complète, la plus animée, c'est que presque toutes les in-

fluences qui ont agi heureusement à cette époque
sur l'esprit français, Mme de Sévigné les a très-
directement ressenties et qu'elle n'en a gardé que
l'excellent. A. Feugère le disait excellemment :

« Une forte éducation l'avait initiée à la connaissance de
l'antiquité, mais sans nuire en rien à la grâce et à la sponta-
néité de son esprit, sans qu'elle devienne jamais ce qu'on est
convenu d'appeler une femme savante. Elle sait à fond l'italien ; elle a fréquenté l'hôtel de Rambouillet, elle y a connu
les plaisirs des conversations élevées et délicates ; c'est une
précieuse, je le veux bien, puisque Somaize lui donne une
place dans son *Dictionnaire;* mais c'est une précieuse,
dans le meilleur sens du mot. Elle ne se pique pas de
métaphysique, elle n'est pas philosophe comme sa fille, qui
l'est un peu trop à son gré ; elle se montre même rebelle à
Descartes ; mais elle a, comme son temps, le goût des écrits
solides et des raisonnements exacts ; elle lit des traités con-
formes à l'esprit du plus pur cartésianisme, elle sait en raisonner à son tour, elle admire la prédication didactique de
Bourdaloue, elle est enthousiaste de Nicole, elle s'aventure
jusqu'à Malebranche. Petite-fille de sainte Françoise de Chantal, en relations fréquentes avec Port-Royal, elle est enve-
loppée des influences religieuses qui commandent, en quelque
sorte, le XVIIe siècle ; elle subit même avec un peu d'excès
celle du jansénisme ; mais, outre qu'elle n'embrasse pas
aveuglément toutes les doctrines de la secte, le jansénisme
ne comprime en rien le libre essor de son esprit et n'impose
pas à son style si original et si vivant cette teinte monotone et
terne, commune à tous les écrivains de Port-Royal, Pascal
excepté. Pour Mme de Sévigné, la gravité des croyances chrétiennes et la solidité des convictions religieuses ont seulement

l'excellent effet de contenir heureusement les ébats de sa gaieté folâtre, qui l'entraînerait parfois á des libertés un peu vives. Car, malgré la prédominance, dans cette riche et forte nature, de toutes les facultés actives, spontanées, qui font, pour ainsi dire, sortir l'âme d'elle-même, Mme de Sévigné a en-même temps, bien plus qu'on ne se l'imagine, le tact, la retenue, la mesure, la possession de soi. Elle est en somme ce qu'il est si rare de rencontrer aujourd'hui, mais ce qu'on voyait plus fréquemment au XVIIe siècle : une intelligence parfaitement équilibrée. »

Ajoutez à ces qualités solides, par lesquelles Mme de Sévigné est une expression exacte de son temps, ce qui est le propre de son génie aimable, cette faculté de sentir d'un sentiment vif et prompt l'impression des choses, et de la rendre toute fraîche, toute sensible par des traits légers, rapides et vrais ; cette mobilité perpétuelle dans le ton ; ce don des images soudaines qui crée une langue à part dans la langue de tous, langue inimitable de richesse et de coloris ; cette grâce toujours unie à la verve et à la force, cet enjouement dont Mme de La Fayette disait à Mme de Sévigné elle-même : « La joie est l'état naturel de votre esprit, » ce sérieux qui jette au travers de cette gaieté une pensée chrétienne, parfois une réflexion mélancolique et attristée ; le goût enfin de la solitude et de la nature qui lui fait aller chercher dans l'abbaye de Livry « ces petits commencements de bruits et d'air du printemps, ces premiers chants de mésanges, des fauvettes et des roitelets. » A. Feugère, dès sa première leçon, citait, pour confirmer ses jugements, de piquants ou gracieux exemples : nous ne saurions le suivre dans ces parties qui, pour être moins personnelles, témoigneraient encore de la fine justesse de son goût. Notre analyse suffira-t-elle encore, nous l'espérons, à faire entrevoir comment le jeune orateur savait renouveler et rajeunir un sujet qui pouvait paraître épuisé.

Nous préférons détacher quelques extraits des leçons suivantes qui eurent pour objet d'appuyer sur les lignes essentielles du portrait d'ensemble présenté dans le premier entretien. A. Feugère croyait à l'excellence du précepte donné par Cicéron : « La plume nous forme à bien dire ; c'est là le premier et le plus habile des maîtres. Celui qui, avant de monter à la tribune, a su prendre l'habitude d'écrire, obtient cet avantage que, lors même qu'il parle sans préparation, il semble encore avoir écrit tout ce qu'il dit. » Aussi, quand il avait le loisir de le faire, jetait-il rapidement sur le papier, avec le plan général de sa leçon, les passages plus délicats où il avait besoin d'assurer d'avance l'expression nette de sa pensée. Ces notes, A. Feugère les aurait certainement corrigées et complétées, s'il les avait destinées à entrer dans le cadre de quelque publication ultérieure ; mais telles qu'elles sont dans leur premier jet, on jugera, nous le croyons, qu'elles ont encore leur prix, et on nous saura gré d'en donner ici quelques-unes, à nous qui voulons réunir tout ce qui peut honorer la mémoire de notre ami.

Dans une leçon intitulée : *Mme de Sévigné et Fouquet,* A. Feugère dut raconter ce grand procès de réhabilitation plusieurs fois essayé par les amis du célèbre surintendant, qui, du moins, on ne peut le nier, inspira des dévouements aussi fidèles que les haines dont il fut poursuivi. Cette fois, malgré Mme de Sévigné, Pellisson et La Fontaine, l'orateur se prononça nettement en faveur de Louis XIV et il le faisait en termes remarquables :

« Si je vous citais, Messieurs, les documents authentiques qui témoignent de la misère universelle à cette époque, vous croiriez que ce n'est pas de l'histoire, mais du pamphlet. Eh bien, oui, la vérité, la simple vérité historique à ce moment-là est tellement effroyable, tellement odieuse, qu'elle prend les couleurs du pamphlet. Je pourrais vous lire les lettres de Gui Patin, les rapports des médecins constatant que des familles entières meurent de faim ; que, dans certaines contrées, on ne peut même pas emporter les produits qui en faisaient la richesse, parce qu'on manquait de chevaux *à cause des grandes impositions.* Je pourrais faire défiler devant vos yeux les représentants de toutes les grandes villes, de Caen, de Rouen, de Marseille, exposant les doléances des populations épuisées. Pour tout dire avec deux chiffres, sur 90 millions d'impôts il en rentrait 32 dans la caisse de l'Etat, et il en restait 58 pour les dépenses de M. le surintendant et pour le profit de messieurs les partisans et les maltôtiers et les

gens d'affaires. Ah ! je comprends, en face d'un pareil spectacle, la conduite de Colbert. Je comprends que cet homme
exact, intègre, qui avait le génie de l'ordre et de l'administration, ait voulu détruire, par la plus utile et la plus indispen-
sable des révolutions financières, cet état de choses désas-
treux, immoral et inhumain; je comprends qu'il ait voulu
frapper tous ces monstrueux abus dans la personne de celui
qui les érigeait en système. Sans doute, Colbert a été dur,
implacable pour Fouquet, j'en conviens; il l'a épié pendant des
années, le dénonçant, notant jour par jour ses irrégularités,
ses dilapidations. Mais ce qu'il faut dire à la gloire de Colbert, c'est qu'il avait le sentiment profond des maux que cet
état de choses causait à la France et du bien qu'il empêchait
de faire; c'est qu'il ressentait une indignation profonde de voir
le roi et l'État manquer quelquefois d'argent pour les dépenses les plus glorieuses ou les plus nécessaires, tandis que
les gens de finances étalaient sans pudeur le faste de leurs
richesses mal acquises; c'est que, dans ces mémoires, dans
ces rapports que Colbert adressait soit à Mazarin, soit à
Louis XIV, si l'on saisit souvent l'accent de la haine contre
Fouquet, on y entend aussi un cri d'éloquente douleur qui
n'est après tout que l'écho du cri de la détresse publique. »

Une des leçons les plus curieusement attendues
était celle où le jeune orateur devait aborder la
partie la plus considérable de la correspondance
de Mme de Sévigné, celle qui est adressée à sa fille,
Mme de Grignan. Il n'est rien en ce monde qui ne
trouve des sceptiques. Il s'est rencontré des personnes pour douter un peu de la complète vérité
des vives et ardentes effusions de Mme de Sévigné.

Sur cette défiance de la critique, A. Feugère proposait tout d'abord à son auditoire deux réflexions :

« D'abord, disait-il, au temps de Mme de Sévigné, un doute de cette nature ne s'est, que je sache, jamais produit, ni plus tard pendant longtemps. C'est de nos jours seulement qne ce doute est venu à l'esprit de plusieurs. Et savez-vous pourquoi, Messieurs? C'est ici que je fais ma seconde réflexion. On doute de la sincérité de sentiments aussi vifs chez Mme de Sévigné, par la seule raison qu'elle a beaucoup d'esprit. Chose bizarre, Messieurs! nous qui sommes si flottants en beaucoup de choses, si disposés à admettre mille nuances, jusqu'à faire disparaître quelquefois à force de nuances la différence qui distingue la vérité de l'erreur et le bien du mal, nous sommes d'autres fois exclusifs et absolus beaucoup plus qu'il ne convient. Il y a des gens qui ne peuvent pas croire que l'éloquence et la raison s'accommodent ensemble, et dès qu'ils aperçoivent l'éloquence, ils *deviennent défiants,* ils crient à la déclamation. Et de même on dit : Il a de l'esprit, *donc il n'a pas de cœur. Eh ! Messieurs, pourquoi donc le cœur et l'esprit seraient-ils incompatibles? Pourquoi interdire au cœur d'avoir de l'esprit?* »

Ce qui prouve, ajoutait A. Feugère, à défaut de tout le reste, que la passion de Mme de Sévigné était sincère, c'est que cet amour ne se manifesta pas seulement par des protestations tendres, « c'est que cet amour a fait souffrir Mme de Sévigné et l'a fait souffrir cruellement. » Et le jeune orateur entrait avec une délicatesse pénétrante dans l'histoire de ces rapports entre Mme de Sévigné et sa fille.

« Ces rapports, il faut le dire, n'étaient pas, ou du moins trop souvent ils ne furent pas ce qu'ils auraient dû être. Elles se faisaient, sans le vouloir, des blessures sans cesse renouvelées. Mme de Sévigné se plaint en cent passages de ne pas trouver chez sa fille une tendresse qui réponde à la sienne, mais au contraire de la froideur, de l'indifférence, de l'insensibilité. Dès le lendemain de la première séparation, le souvenir de ces souffrances se trahit. Toutes deux se reprochent mutuellement d'avoir douté l'une de l'autre... Ainsi, après s'être quitté, on se faisait des aveux, on se demandait quelquefois pardon ; mais l'amertume ne tardait pas à reparaître. Mme de Grignan, au gré de sa mère, ne lui écrivait pas assez souvent. Elle n'écrivait que des lettres trop courtes, incomplètes et pour ainsi dire du bout des doigts. Ce qui blessait aussi Mme de Sévigné, c'est que sa fille supportait avec trop de philosophie le chagrin des séparations. Mme de Sévigné s'abandonnait à des transports de douleur. Mme de Grignan était beaucoup moins démonstrative et donnait à sa mère des consolations, peut-être maladroites, que celle-ci supportait impatiemment. »

Quels étaient les torts de l'une et de l'autre ? Le procès est délicat, et A. Feugère refusait de le juger. On pouvait entrevoir cependant que, s'il eût été forcé de se prononcer, Mme de Sévigné n'aurait pas été condamnée, et qu'il eût pardonné un peu d'exigence à sa passion si touchante et si vraie. Quoi qu'il en soit, de cette fine analyse A. Feugère tirait une leçon morale, et nous croyons que M. Saint-Marc-Girardin eût particulièrement goûté le sérieux aimable de ces paroles :

« Mme de Sévigné aima sa fille jusqu'à la faiblesse, parce qu'elle l'aima avec passion. Il semble qu'elle ait toujours craint de combattre en face ses défauts, qu'elle ait eu des ménagements excessifs pour cette fille de sa tendresse. Elle ne réprima pas assez l'humeur hautaine que montrait quelquefois dans son enfance Mlle de Sévigné pour les compagnes de son âge. Plus tard, elle partageait les haines de sa fille avec une sorte d'acharnement qui ne convient pas à sa nature. Mme de Grignan eut les défauts d'une enfant gâtée, tout au moins, d'une enfant trop aimée. Sa mère lui voua une affection trop exclusive et qui remplaça toutes les autres. Elle avait cru trouver le bonheur dans le mariage. Elle n'avait trouvé que mécomptes, désillusions, douleur. Elle avait reporté sur sa fille tout ce trésor de tendresse qu'elle ne pouvait dépenser ailleurs. Ne vous étonnez pas, Messieurs, que son amour maternel prenne quelquefois les dehors, l'expression d'un autre amour. Ce n'est jamais impunément que l'ordre naturel des affections est troublé et que les tendresses qui devaient se partager en affections différentes entre plusieurs êtres se concentrent sur un seul. Mme de Grignan eut tout l'amour maternel qu'il était naturel qu'un cœur aussi tendre que Mme de Sévigné donnât à sa fille. Mais Mme de Grignan hérita en même temps de l'amour que Mme de Sévigné aurait voulu donner à un époux digne d'elle et qu'elle fut obligée de reprendre et de garder au fond de son cœur. De là vinrent peut-être et les exigences trop grandes de cette tendresse surabondante, et les souffrances quelquefois cruelles que Mme de Sévigné en éprouva, et les défauts de l'éducation de Mme de Grignan. Quand on considère Mme de Sévigné, Mme de Grignan et aussi Charles de Sévigné, on ne peut s'empêcher de reconnaître que, malgré les dons charmants de la nature, de l'esprit et du cœur, cette famille n'a pas pu échapper aux conditions ordinaires, et le dernier mot des rapports de Mme de Sévigné avec ses enfants, c'est qu'il a manqué à Mme de Sévigné un époux et à ses enfants un père. »

Il faut nous borner, mais ce n'est pas sans regret et sans émotion que nos yeux parcourent ces notes d'une écriture rapide et toujours nette cependant, qui tantôt ne sont que les indications sommaires d'un développement, et d'autres fois portent la trace d'un travail plus réfléchi. Combien de pages, avec quelques retouches çà et là peut-être, mais toutes fraîches et vivantes, pourraient encore être citées, soit que le jeune orateur nous fasse connaître le groupe des figures habituelles qui entourent Mme de Sévigné, soit qu'il l'accompagne à la cour ou la suive dans ses voyages, en Bretagne, en Provence, même dans ses courtes excursions à Livry ou à Vichy ! Ce goût de la campagne et de la nature est assez rare au XVIIe siècle pour être relevé avec curiosité chez Mme de Sévigné, et A. Feugère se plaît à le rapprocher du même sentiment si souvent exprimé par la poésie moderne :

« Ce sentiment de la nature chez Mme de Sévigné, c'est autre chose que ce plaisir des yeux qui se reposent sur les beaux sites de nos campagnes, c'est déjà ce sentiment intime de la nature, tel que l'éprouve notre siècle, tel que nos poètes l'ont exprimé dans leurs vers, c'est-à-dire un instinct qui nous porte à établir entre nos impressions, nos

sentiments et la nature, un lien secret, une sympathie mysté-
rieuse. La nature, les bois, les grands arbres exercent sur
Mme de Sévigné une action que son imagination sensible
éprouve avec vivacité, et elle s'y abandonne, s'y laisse pour
ainsi dire bercer avec complaisance. Quand elle est à Livry,
en même temps que ses pas *s'égarent dans le labyrinthe
des allées de son jardin*, son esprit *se perd dans le labyrinthe
de ses pensées*. Ce n'est pas qu'il faille attribuer à Mme de Sévigné cette disposition d'esprit toute moderne, cette mélancolie familière à nos poètes, sentiment vague et souvent
maladif, sorte de volupté de la tristesse qui énerve l'âme et
l'attendrit sans la satisfaire. Mme de Sévigné ne connaît pas
ces langueurs et ces mollesses. Elle est toujours cette nature
riche, vivante, animée, parfaitement saine que nous connais-
sons. Et si elle songe dans ses grands bois, elle a des croyances chrétiennes trop positives et trop fermes pour tomber
dans des rêveries malsaines et souvent douloureuses qui
trahissent ce vide des âmes dans les sociétés sceptiques et
troublées, et qui ont souvent pour origine un pénible contraste entre notre soif de la certitude et le vague de nos
aspirations. « Un peu rêver à Dieu, à sa providence, posséder
« son âme, songer à l'avenir..., » voilà en quoi consistait la
rêverie de Mme de Sévigné, quand elle se promenait dans
cette allée des Rochers, qu'elle même avait fait percer et
qu'elle appelait *la solitaire;* et vous voyez que la nature
qui l'entourait la portait aux pensées graves, religieuses, à
toute autre chose enfin qu'aux regrets stériles, aux espérances douteuses, aux mirages de l'imagination à la fois avide et
impuissante.

« Le sentiment de la nature n'est pas non plus cette sorte
d'étonnement de l'âme en présence de l'immensité où nous
sommes comme un accident passager et où se perd notre
petitesse. Mme de Sévigné n'a pas connu ces influences pan-

théistes qui ont inspiré nos poètes ; elle ne sent pas dans la nature, selon l'expression de l'un d'eux :

> ... l'âme de tout qui va sur chaque chose
> Se poser tour à tour................

« Elle ne prend pas la nature pour confidente et pour conseillère, et quand il s'agissait par exemple de l'éducation de Mme de Grignan ou de Charles de Sévigné, elle n'a jamais entendu les arbres et les fleurs lui dire, comme à la mère d'un de nos plus grands poètes contemporains :

> O mère au cœur profond, laisse-nous cet enfant ;
> . . . .
> Car les bois et les champs, du sage seul compris,
> Font l'éducation de tous les grands esprits.

« C'est seulement au commencement de ce siècle, après J.-J. Rousseau et Chateaubriand, que la nature s'est mise à parler ainsi aux mères, et je soupçonne même que la nature n'a parlé si bien nulle part ailleurs qu'aux Feuillantines. Mme de Sévigné n'entendait pas parler de tant de choses. »

Dans ces aimables et fines causeries, l'occasion ne manquait pas à A. Feugère d'exprimer ses convictions religieuses. Quand il détachait de la correspondance de Mme de Sévigné tant de pages d'une philosophie chrétienne, si sentie et si éloquente, il les lisait, il les commentait de manière à ne pas tromper son auditoire sur ses propres sentiments. Notre souvenir n'a rien perdu de la vivacité des émotions que nous faisait ressentir cette parole jeune et grave, élevée et simple, quand l'orateur abordait la partie chrétienne de son sujet, nous montrant quelle avait été sur l'esprit et le cœur de M^mo de Sévigné l'influence d'une foi précise et ferme, comment tour à tour cette foi s'attriste quand elle reçoit le reflet des dures doctrines du jansénisme, ou, au contraire, s'agrandit et s'échauffe quand elle est éclairée des pleines lumières d'une religion d'amour et de confiance. Avec la discrétion que lui commandait la nature de son enseignement, mais aussi avec la sincérité qui lui était propre, A. Feugère ne rendait pas seulement témoignage de sa foi : il voulait plus, et s'il ne refusait pas à ses auditeurs le plaisir littéraire qu'ils venaient chercher en l'écoutant, il ne perdait pas un instant de vue la haute pensée qui était l'inspiration de sa vie : par l'étude des sociétés et des hommes, arriver à Celui qui est la source unique de toute vérité et de toute beauté, à Dieu.

VIII

Le succès du jeune professeur n'avait pas été un instant douteux, et les rares qualités de son esprit souple et de sa brillante parole étaient chaque jour plus appréciés par l'auditoire d'élite qui se pressait autour de sa chaire. Mais ce succès, à quel prix il lui fallait l'acheter ! Quelle surveillance sévère de son temps ! Combien d'heures prises sur le sommeil ! Avec quelle rigueur il devait se défendre non-seulement contre toute dissipation mondaine, mais encore contre les plus simples distractions de la famille ! Bien des fois (si l'on nous pardonne ces souvenirs personnels), quoique son amitié ne nous interdît jamais son cabinet de travail, nous hésitions à lui dérober même quelques instants, toujours donnés avec une bonne grâce parfaite, mais qui devaient, nous le savions, prolonger sa veille et ses fatigues. Pouvions-nous cependant nous priver de le voir? Nous avions imaginé un compromis entre notre amitié et notre conscience. C'était, après l'échange de quelques mots, de prendre nous-même un livre pour laisser notre ami à la liberté de son travail, et prévenir la résistance qu'il eût opposée à une retraite trop prompte. Doux et triste souvenir! Nous le revoyons assis dans son petit fauteuil, penché sur l'auteur qu'il étudiait, tantôt écrivant une note à la hâte, tantôt la tête appuyée, et avec ce regard fixe, profond, qui marquait l'effort d'un esprit opiniâtre à la poursuite de sa pensée. Combien nous serions-nous gardé de le troubler! Mais c'était lui-même qui, bientôt, se détachait un moment de son livre, et alors avec quel intérêt je recueillais, toute vive et toute fraîche, la dernière impression de sa lecture, cette idée même que tout à l'heure il poursuivait et qu'il avait, par le silencieux travail de la méditation, amenée à sa pleine clarté.

Dans la préparation de ses leçons, A. Feugère était envers lui-même d'une exigence scrupuleuse. Il n'eût pas supporté la pensée d'avoir à parler d'un écrivain sans l'avoir soumis à une étude critique avant tout personnelle et des plus complètes. La connaissance directe du personnage qu'il avait à peindre ou de l'auteur qu'il avait à apprécier, c'était là son point de départ. Il tenait grand compte du jugement d'autrui, mais sans aliéner jamais sa propre liberté. Les éléments de sa leçon une fois réunis, il en traçait, du moins pour les parties principales, une esquisse rapide et large. Il assurait ainsi l'ordre de ses développements, il en mesurait d'avance l'étendue possible et les justes proportions. Où il excellait (et ce n'est pas là une des moindres parties du talent critique), c'était dans le choix et le groupement toujours ingénieux des citations. Il n'était pas de livre si rebutant, si ingrat, où il ne trouvât à recueillir un trait expressif, un détail saillant. Sans doute, plusieurs de ses auditeurs, après une leçon, se sont empressés d'ouvrir tel ouvrage qui, à travers les citations du professeur, avait piqué leur curiosité. Mais la déception même qu'ils ont éprouvée a pu leur faire juger ce qu'il faut de patience dans le travail et de délicatesse dans le goût pour retenir autour de soi un grand auditoire par une science qui sait être toujours agréable, sans jamais cesser d'être sérieuse et solide.

Cependant, l'année scolaire 1875-1876 s'était ouverte, et A. Feugère allait remonter dans la chaire du Collége de France. Sans ambition personnelle, habitué à faire du devoir la règle seule de sa vie, il n'avait plus le droit cependant de se désintéresser d'un succès qui était maintenant pour une autre que pour lui un juste motif d'orgueil et de joie. En effet, le 4 février 1875, avait été bénie cette seconde union si touchante par son caractère grave et tendre. Entre ces deux âmes sincères et pures, il n'y avait dans le passé aucun souvenir à effacer et qui pût diminuer le don sans réserve qu'elles s'étaient fait l'une à l'autre de leur mutuel amour. La jeune compagne d'A. Feugère semblait jalouse, au contraire, de ne rien laisser perdre de ce passé dont elle avait partagé les douleurs avant de savoir qu'elle était appelée à les consoler. Combien, de son côté, A. Feugère sentait vivement cette exquise prévenance! Et aussi quelle attention à montrer que cette liberté même du souvenir qui lui était donnée ajoutait encore, s'il était possible, à sa tendresse pour celle qui avait relevé son foyer et son cœur!

Cette douceur de vie intime allait rendre légère à A. Feugère cette laborieuse année qui devait être décisive pour sa situation littéraire. Son succès au Collége de France prit de telles proportions que plus d'une fois nous entendîmes ses auditeurs rappeler les noms d'Ozanam et de Saint-Marc Girardin. Chaque mercredi était une nouvelle fête littéraire, et la grande salle du Collége de France était trop étroite pour le nombre des auditeurs. Le jeune orateur, sans rien perdre de sa grâce modeste et de sa distinction, avait plus de fermeté dans la parole, plus d'aisance dans le geste: plus sûr de lui et de son auditoire, il osa davantage, et son expression, plus libre, plus spontanée, gagna encore en force et en éclat.

Il se proposait, cette année, d'étudier les mémoires qui se rapportent au temps de la Fronde. Il ne dissimula pas, au début, la variété des jugements qui ont été portés sur cette époque. « Pour les uns, la Fronde ne fut qu'un accident; pour les autres, c'était le résultat logique de causes antérieures et lointaines. Les uns la prennent au sérieux; les autres la tournent en ridicule. Selon quelques-uns, tout dans la Fronde est digne d'estime, jusqu'à une certaine époque; tout devient blâmable ensuite. Ici, l'on est sévère pour la noblesse, mais indulgent pour les parlements; ailleurs, on est d'avis que la cour avait tous les droits, la Fronde tous les torts. » L'extrême complexité du sujet explique ces contradictions. L'histoire de la Fronde est si embrouillée; tant d'intrigues s'y entrecroisent, les motifs qui dirigent les principaux personnages sont si multiples et si inégaux, on remarque tant d'inconsistance dans la conduite de tout le monde qu'il est bien malaisé, au milieu de cette confusion, d'asseoir un jugement ferme et complet. Du moins A. Feugère promettait de se mettre en garde, autant que possible, contre les préoccupations toutes contemporaines dont l'historien ne sait pas toujours se détacher dans l'étude et le jugement du passé, et il décrivait en termes excellents la situation désintéressée dans laquelle il avait pour lui-même la ferme volonté de se maintenir :

« N'attendez pas de moi, Messieurs, que je prenne occasion des désordres et des émotions publiques dont les écrivains qui vont nous occuper nous retraceront le tableau, pour évoquer dans vos esprits de plus récents souvenirs ; et si ces souvenirs se présentaient quelquefois à notre pensée, ce serait, vous pourrez en juger, par manière de contraste, beaucoup plus souvent que par voie d'analogie. Nous étudierons les mémoires relatifs à la Fronde en eux-mêmes, travaillant à bien comprendre les caractères particuliers des différents auteurs qui les ont écrits, déterminant les divers points de vue où ils se sont placés, les comparant quelquefois entre eux, nous appliquant surtout à dégager de leurs récits ce qu'il faut toujours chercher dans la littérature, je veux dire l'esprit des temps passés, ne nous interdisant pas de joindre aux jugements littéraires les considérations historiques ou morales qui seront de notre sujet, mais sans apporter à cette étude aucune préférence systématique, sans complaisance exclusive pour aucun parti. »

Considérant ensuite l'un après l'autre les trois principaux partis qui occupent la scène, celui de la cour, celui du parlement et celui des princes et des grands, A. Feugère montrait que chacun d'eux, pris dans son ensemble, n'était capable, après tout, ni d'imposer l'admiration, ni d'entraîner la sympathie. La cour, c'est-à-dire Anne d'Autriche et Mazarin, eurent un mérite qu'il ne convient pas de rabaisser, celui d'avoir empêché que la France souffrît dans sa puissance militaire de ses divisions; mais, ajoutait l'orateur, « ni la régente, ni son ministre n'ont ces grandes qualités du caractère, ou ces dons séducteurs qui désarment, pour des renommées bien plus compromises, les sévérités de l'histoire. »

« Anne, constamment dirigée par Mazarin, ne manquait pourtant pas elle-même ni de mérite, ni de vertu ; mais elle manque de cet attrait par lequel les femmes, mêlées aux affaires publiques, ont quelquefois exercé sur les événements une douce et adroite influence. Elle était fière, courageuse, dévouée aux intérêts du royaume et au roi son fils, mais en même temps hautaine, aigre, vindicative. Impérieuse et téméraire par nature, l'expérience et Mazarin lui enseignent la ruse. Le fond en elle valait mieux que l'apparence, et les défauts de son caractère ont fait tort aux qualités de son cœur : elle fut charitable et semble dure; elle eut de la bonté et n'est point aimable. Quant à Mazarin, ce fut assurément un grand et habile ministre; mais il faut, pour lui rendre justice, vaincre la répugnance naturelle que son caractère inspire. Parmi les hommes célèbres de l'histoire, il est de ceux qu'on admire à contre-cœur. C'est qu'en effet, Mazarin eut au plus haut degré toutes les qualités qui font le moins d'honneur aux grands politiques et dont on aimerait quelquefois à les dépouiller : l'art de mentir, de faire des dupes, d'amuser par de fausses promesses; le génie de l'intrigue. Son adresse tortueuse, sa déloyauté, les artifices de sa politique italienne, si antipathiques à la droiture française, rendirent la Fronde plus violente et plus dangereuse en provoquant non-seulement la haine des peuples, qui est souvent aveugle, mais

aussi le mépris des honnêtes gens, qui l'est moins. Il abusa
même de son habileté et quelquefois faillit se perdre par ses
propres finesses. Toujours caressant pour ses adversaires, ingrat pour ses amis, il encourageait les uns à le braver et
dégoûtait les autres de le servir. Supérieur principalement
dans la politique étrangère, continuateur de Richelieu dont il
avait épousé les grands desseins, négociateur incomparable
parce qu'il savait unir ces deux qualités en apparence incompatibles, la souplesse et la ténacité, il conclut au profit de la
France deux traités glorieux ; mais avare et cupide, il dimi-
nue le mérite de son dévouement à l'Etat par les profits scan-
daleux qu'il en tire. Il n'exerce ni vengeance ni représailles ;
mais on lui sait moins de gré d'avoir pardonné les injures,
quand on voit à quel point il y était insensible. Pour mieux
tromper, il autorisait quelquefois la publication de libelles
diffamatoires contre lui-même, courant au-devant de l'outrage
quand il espérait acheter un succès à ce prix, et ne connais-
sant pas plus la honte que le scrupule. Enfin l'on peut dire
qu'il usa mieux que personne d'un moyen de gouvernement
aussi vieux que l'humanité, la ruse, et qu'il en inventa un
nouveau, la bassesse. »

A l'égard du parlement, le sentiment qu'on
éprouve est très-mêlé, et l'on doit distinguer bien
des éléments divers, bien des tendances opposées
et inégalement estimables. A côté de figures imposantes et dignes de tous les respects, il y a d'autres personnages inquiets, remuants, violents,
pour qui le bien public n'est qu'un prétexte dont
ils couvrent leurs menées séditieuses et leur secrète
cupidité.

« Ils saisissent toutes les occasions de brouiller les affaires, jettent leur compagnie dans les résolutions extrêmes, l'empêchent de rendre la justice aux particuliers, qui est son principal devoir, suscitent dans les délibérations des tempêtes attendues quelquefois comme un signal par les émeutiers du dehors, et portent sous la robe de juge le poignard du factieux. Partagés en cabales diverses et souvent contraires, ils sont heureusement en défiance les uns des autres ; mais ils sont toujours prêts à s'unir contre les conseils de la modération et de la prudence. Les voyez-vous s'agiter autour de l'astucieux coadjuteur, qui leur suggère des résolutions et les dirige par l'ascendant de son merveilleux et redoutable esprit ? Les entendez-vous, eux qui négocient avec le roi d'Espagne, accuser de trahison ceux qui parlent de négocier avec le roi de France ? Entendez-vous, selon l'expression du coadjuteur lui-même, « les clameurs des enquêtes » qui couvrent la voix de Mathieu Molé impassible, mais impuissant ? Autant on doit d'estime aux vrais magistrats qui, au milieu des plus tristes violences, restent dignes de ce beau nom, autant il faut être sévère à l'égard de ces meneurs turbulents qui abusent, pour ruiner les lois, de l'autorité qu'ils tiennent d'elles et qui, sous prétexte de défendre les droits de leur compagnie et l'intérêt public, sont les pires ennemis du parlement qu'ils discréditent et du peuple qu'ils exploitent. »

Enfin le parti des princes et des grands ne comporte même pas une distinction qui puisse relever et honorer quelques-uns d'entre eux, et A. Feugère terminait par cette page, d'une sévérité éloquente, le tableau des misères des différents partis au temps de la Fronde :

« Les grands et les princes ont tous les mêmes caractères :

l'esprit de cabale sans but arrêté, sans aucun esprit politique, l'absence des scrupules dans les compromis et les alliances, l'ambition démesurée; se jetant dans la Fronde par un mélange d'étourderie remuante, de rancune et de convoitise, ils se bornent à faire renaître plus nombreuse et plus funeste cette cabale des Importants que Mazarin avait, au commencement de la régence, si adroitement ruinée. Ils unissent aux lointains souvenirs de l'indépendance féodale la puérile recherche des vaines prérogatives de l'étiquette. On les voit, pendant la trêve agitée qui sépare les deux guerres civiles de la Fronde, former une assemblée de la noblesse qui devient périodique, délibère, inquiète le pouvoir, prononce même un bien grand mot : les états généraux. Vous croyez peut-être que quelque grand intérêt politique ou national les a réunis, qu'ils ont eu pour première pensée de remédier aux maux du royaume et de sauver l'Etat. Détrompez-vous ; sans doute ils en viennent à de vagues et creuses déclamations sur l'antique prépondérance et les droits méconnus de la haute noblesse ; mais le principe de tout ce bruit, c'était une compétition de tabourets. Dominés le plus souvent par des femmes qui ont parfois plus de cœur et plus de tête que leurs amants, ils entremêlent les galanteries et les combats, et introduisent dans les camps le raffinement des plaisirs ; ils envoient aux belles les clefs des places fortes, gagnent des batailles pour plaire aux beaux yeux de leurs maîtresses, et font payer à la France la rançon de leurs folles amours. Tandis que, de l'autre côté du détroit, l'aristocratie devient de plus en plus l'arbitre des destinées de l'Angleterre, parce qu'elle est la fidèle gardienne et des libertés publiques et des traditions nationales, la noblesse française s'agite dans le vide entre la royauté qu'elle menace et la bourgeoisie qu'elle méprise, cherche ses appuis à la cour du roi d'Espagne et dans les bas-fonds de la populace, introduit les armées étrangères dans le sein de la patrie et soudoie l'émeute. Satisfaire leurs prétentions était, à vrai dire, chose fort difficile ; trois royaumes comme la France n'y eussent pas suffi. Quand, à la paix de Rueil, ils furent mis en demeure de les formuler par écrit, il n'était pas de simple gentilhomme qui n'en présentât d'exorbitantes, si bien qu'ils prêtèrent à rire au public et qu'eux-mêmes se moquèrent les uns des autres. Enfin, le jour arrive où il leur faut se contenter d'un pardon hautain : les fiers seigneurs qui exigeaient des provinces entières, trop heureux maintenant que le maître les tolère auprès de sa personne, se disputent le prix de la servilité ; ces brouillons finissent en courtisans. Tel fut le parti des grands et des princes. Aussi personne, à ma connaissance, ne s'est encore avisé de les défendre ; sur leur compte, au moins, on est unanime : tous reconnaissent à quel point leur conduite et les motifs qui la déterminèrent furent mesquins, intéressés, frivoles, misérables. Ce qui a le plus manqué à la Fronde, c'est la grandeur ; mais ceux qui, dans la Fronde, ont le plus manqué de grandeur, ce sont les grands. »

Mais le jeune maître ne veut pas laisser ses auditeurs sous des impressions qui diminueraient, si elles n'étaient pas corrigées dans une certaine mesure, l'intérêt du sujet qu'il a choisi. Il nous montre très-agréablement que, dans cette comédie d'intrigue qui s'appelle la Fronde, au-dessous des premiers rôles, il y eut des caractères qui, même fort éloignés de nous inspirer aucune admiration, sollicitent le pinceau par l'originalité expressive de leur physionomie : ce duc d'Orléans, dépensant de merveilleuses ressources d'esprit et d'éloquence à dissimuler son parti pris de ne prendre aucun parti; » une duchesse de Chevreuse, « capable de braver tous les périls pour ses amants, mais capable aussi de les sacrifier sans regret et sans combat à quelque nouveau caprice; » une duchesse de Longueville, « cachant sous un air de langueur, qui n'était pas le moins dangereux de ses attraits, une indomptable énergie; » une princesse palatine, « ferme et déliée, ouverte et adroite tout ensemble, nature fine et ardente, âme peu commune, se donnant tout à Dieu après avoir été tout au monde, digne enfin d'offrir à Bossuet la matière de grandes et sublimes leçons. »

Une raison plus générale justifiait encore l'attention que le professeur se proposait d'apporter aux mémoires de la Fronde. La Fronde, en effet, quoiqu'elle n'ait été qu'une sédition réprimée, exerça pourtant, par des voies diverses, une influence considérable sur l'état politique, social et littéraire de la grande époque qu'elle précède; elle forme entre le règne de Louis XIII et celui de Louis XIV un anneau nécessaire qu'on ne peut supprimer sans briser la chaîne. La Fronde fut pour le XVIIe siècle une école d'où il sortit sensiblement changé. Il a acquis de l'expérience à ses dépens, il s'est guéri du goût des intrigues hasardeuses, il a mûri par l'épreuve, mais sans perdre cette force que donne l'exercice même fébrile et déréglé de nos facultés. « La Fronde, chose rare dans l'histoire des guerres civiles, ne dépassa pas en effet la mesure ni la durée d'une leçon qui profite. Elle ne devint pas une de ces maladies profondes et chroniques qui attaquent les organes et pénètrent jusqu'aux sources de la vie. » Si la Fronde fut un enseignement pour l'esprit public, elle en fut aussi un pour la royauté : elle lui donna un sentiment plus complet de sa force. « Pendant quatre ans, les partis avaient offert le spectacle de leur impuissance. Le parlement et les grands n'avaient pu parvenir à former un faisceau solide et résistant. Le pouvoir n'avait eu à certains moments qu'à les laisser faire ; ils s'étaient divisés jusqu'au morcellement, incapables d'imprimer une direction précise, incapables même d'exercer une action commune. La royauté, prise entre la guerre civile et la guerre étrangère, sortait de cette situation, qui, en d'autres temps, eût pu devenir si funeste, sans avoir été contrainte de faire avec l'Espagne une paix désavantageuse ou prématurée, sans subir à l'intérieur aucune transaction qui limitât ses droits ou affaiblît son prestige. Son triomphe était sans mélange. » Cependant, devenu le maître, Louis XIV, sur bien des points, donna satisfaction aux sentiments généraux, dont la Fronde avait favorisé l'expression, et qui s'étaient nettement dégagés du conflit des opinions et des intérêts. Une des causes les plus actives de la Fronde avait été la haine des premiers ministres, toujours intéressés, pensait-on, à tromper le prince et à opprimer les sujets. Louis XIV se promit de ne pas donner à Mazarin de successeur, et il se tint parole. Ce n'était pas moins profiter des leçons de la Fronde que d'introduire l'ordre dans l'administration et surtout dans les finances. Lorsque Colbert, au prix d'une impopularité qui eut des causes diverses, substituait au régime des expédients ruineux un contrôle sévère et sérieux, il portait remède à des souffrances qui avaient tant de fois provoqué l'irritation publique. Un sentiment enfin qui, malgré certaine apparence, s'affirme avec énergie pendant la Fronde, c'est le sentiment national. Car les connivences avec l'ennemi ruinèrent les partis qui s'en rendirent coupables. Louis XIV réalisa l'idée d'une royauté complétement nationale et française. « On pourra, ajoutait l'orateur, lui reprocher à bon droit bien des fautes, des guerres injustes, des excès de pouvoir, des prodigalités ruineuses, des scandales funestes aux mœurs publiques; mais quand on voit ce jeune roi, aussitôt qu'il a pris en main le gouvernement, imposer avec tant de hauteur à Londres, à Rome, à Madrid, dans l'Europe entière, le respect des prérogatives de sa couronne qui sont celles de la France; quand on observe combien ce gouvernement personnel, réformateur et national, répondait aux instincts profonds, aux aspirations persistantes qui se dégagent des troubles confus de la Fronde, on ne s'étonne pas que la nation ait aussitôt reconnu dans son nouveau roi celui qu'elle attendait. »

Comment la littérature du XVIIe siècle n'eût-elle pas elle aussi reçu de la Fronde quelques-uns de ces caractères distinctifs ? L'un de ces caractères qu'A. Feugère rapporte à la Fronde, c'est la tendance même, principale et distinctive de la littérature du siècle de Louis XIV, c'est l'observation de l'homme moral, l'étude sous toutes ses formes des inclinations, des contrastes, des passions, des misères de l'humaine nature. Mais laissons le jeune professeur présenter lui-même le développement de cette fine pensée avec sa délicatesse ordinaire :

« La Fronde fut une de ces époques où, selon l'expression familière et spirituelle de M. Sainte-Beuve, « l'homme retourne « son habit devant nous. » — « Il n'est rien de tel, ajoute-t-il, « que de voir une Fronde pour se rafraîchir dans l'idée de la « nature humaine. » Et l'éminent critique rapporte ce mot que lui disait Letronne en 1848 : « C'est désagréable, mais que « c'est curieux pour l'observateur ! C'est comme si l'on voyait « le corps humain après qu'on en aurait ôté la peau. » J'ajoute que le XVIIe siècle fut heureux, pour sa littérature comme pour tout le reste, d'avoir vu seulement une Fronde et non pas quelque chose de pis. La Fronde semble, si je l'ose

dire, une guerre civile faite exprès pour un siècle qui devait
être le siècle des moralistes. Ce qu'on y voit, en effet, ce n'est
pas, comme en d'autres temps, le choc de doctrines philoso-
phiques ou religieuses ou de systèmes politiques radicalement
opposés, moins encore d'utopies et de convoitises sociales; ce
sont des intérêts, des ambitions, des passions personnelles qui
se combinent de mille manières diverses, se liguent, se trahissent, se dupent, se neutralisent, se combattent. Remarquez
ce trait significatif: au plus fort de la lutte, tout le monde,
ouvertement ou en secret, négocie. Comme l'observation
morale devient pénétrante et déliée dans ce milieu d'intrigues de diplomatie sans cesse en éveil, où chacun s'habitue à
étudier son voisin, à démêler les divers caractères des hommes, les motifs qui les font agir, les raisons qu'on peut avoir
de compter sur eux ou de s'en défier! Nul frondeur, pour peu
qu'il eût de finesse, n'est sorti de la Fronde sans avoir amassé,
aux dépens d'autrui et aux siens, une riche provision d'observations morales, sans être désabusé sur les autres et
quelquefois sur lui-même. N'apercevoir les traces de cette influence de la Fronde que dans les livres immédiatement ins-
pirés par l'expérience de cette guerre civile, comme les
Maximes de la Rochefoucauld, ce serait méconnaître le caractère subtil et latent de beaucoup d'influences, pourtant très-
réelles, que subit la littérature. A un point de vue plus général et plus large sans être moins vrai, on peut dire, non pas
que la Fronde détermine, ce serait trop lui attribuer, mais
qu'elle favorise un courant d'observation morale dont bénéfi-
cient, non-seulement ceux qui se sont trouvés mêlés aux factions, tels que Retz et la Rochefoucauld, mais le siècle dans
son ensemble, mais Molière, Pascal, Bossuet, plus tard Bourdaloue, la Bruyère, même Saint-Simon, si célèbres par leurs
portraits ou leurs *caractères*, et tant d'autres dont la commune gloire est d'avoir dans mille cadres, sous mille formes

différentes, étudié, analysé, approfondi, traversé en tous sens le cœur de l'homme. »

Si cette analyse est fidèle, on peut juger quel jour large A. Feugère venait d'ouvrir sur toutes les parties de son sujet. Ces considérations si fines, si complètes, l'amenaient naturellement aux mémoires. N'est-ce pas là, en effet, qu'on s'attache surtout à peindre les personnages, à démêler les motifs des actes plus encore qu'à découvrir les causes lointaines et abstraites des événements; là qu'on peut semer les réflexions, multiplier les traits de mœurs, dessiner des portraits ?

Le plan était tracé et une année devait à peine suffire pour lire avec fruit les principaux mémoires relatifs à l'époque de la Fronde et en apprécier la valeur historique et littéraire. Ce fut par l'étude des *Mémoires* de Mᵐᵉ de Motteville qu'A. Feugère commença, non qu'ils offrent l'intérêt le plus piquant, mais parce que Mᵐᵉ de Motteville a vécu à la cour, auprès et dans l'intimité de la reine Anne d'Autriche. Nous ne saurions suivre le jeune maître dans le détail de ses leçons. D'ailleurs, nous n'avons plus pour nous guider, avec nos propres souvenirs, que les esquisses qu'il traçait d'avance, si précieuses sans doute et souvent si fermes, mais auxquelles le soin même de la mémoire de notre ami nous commande de ne faire que des emprunts discrets et tels, il nous semble, qu'il nous les permettrait lui-même. En parcourant ses manuscrits, qui nous rendent parfois l'illusion de sa présence, nous voyons se dessiner nettement sa méthode tout à la fois simple et sévère : exposer d'abord la vie, le caractère, le rôle de chacun de ceux qui ont écrit des mémoires, marquer de ces mémoires mêmes l'intérêt particulier, et enfin les rattacher à de certaines questions plus générales, morales, historiques ou littéraires.

Le nom le plus éclatant qu'A. Feugère allait rencontrer dans la suite de ses études, c'était assurément celui du cardinal de Retz. Les huit leçons qu'il lui consacre offriraient déjà, jusque dans la précipitation d'une ébauche qui attend des retouches, un ensemble remarquable. La première question qu'il dut traiter était celle de la véracité des *Mémoires* du cardinal. Question délicate et très-diversement débattue, qui souvent, selon la manière dont elle est résolue, entraîne sur la Fronde elle-même une opposition radicale de vues et de jugements. Sans suivre A. Feugère dans tout le détail des raisons qui précèdent et amènent ses conclusions, nous sommes frappé de la mesure parfaite avec laquelle il sait se mettre en garde contre toute opinion extrême, surtout de la fine pénétration avec laquelle le moraliste complète et achève les inductions du critique. En veut-on un exemple ? Il a cité quelques épisodes, et entre autres le très-piquant récit des moines fantômes où Retz est pris en flagrant délit d'invention, tout au moins d'embellissement et de *corrections* dans un fait où tout n'est pas vrai, où tout n'est pas faux. L'intérêt ou simplement le plaisir de sa vanité, c'est là ce qui expose le cardinal à altérer la vérité. Mais quel est le genre de cette vanité ? car il en est de bien des sortes; et celle de Retz est assez subtile et rare pour être décrite curieusement. A. Feugère pénètre dans dans tous ces replis avec une remarquable sûreté d'analyse :

« Une des causes qui entraînent bien souvent les hommes à dénaturer, à défigurer les choses et les personnes, c'est la vanité qui n'a pu trouver à se satisfaire dans les événements, la vanité aigrie par les échecs, par les déceptions, par la mauvaise fortune. Oui, la vanité qui risque le plus de se tromper et de tromper les autres, la vanité la plus menteuse, c'est peut-être encore la vanité blessée. Donnez à des hommes dont l'ambition n'a pas été satisfaite, donnez-leur à faire l'histoire de leur temps, et vous verrez comment ils habilleront leurs adversaires et peut-être leurs amis. Il semble que Retz, qui ne recueillit de la Fronde d'autre avantage qu'une prison de vingt mois, sept années d'exil et deux millions cinq cent mille livres de dettes, devait être exposé plus qu'un autre à ce genre de vanité qui produit les rancunes amères et vivaces. Eh bien! non! cette vanité-là, on peut l'affirmer d'une manière presque absolue, n'existe pas chez

Retz; elle n'est pas dans son caractère. En général, le ressentiment du passé ne l'aveugle ni ne l'égare. On en peut juger à la manière dont il juge Mathieu Molé, Gaston d'Orléans, Anne d'Autriche même et Mazarin, Mazarin dont il parle avec une sévérité excessive, sans doute, avec mépris souvent, mais en somme sans animosité. Pour Retz, les guerres civiles sont des comédies; on se flatte et on se vilipende, on échange des coups selon les intérêts du moment et les nécessités du rôle; c'est le jeu, c'est la pièce : puis, quand on a quitté la scène, chacun dépose son costume et son masque, et on n'est ni plus ami, ni plus ennemi qu'auparavant. Il n'y a en définitive rien de rancuneux, rien de venimeux chez Retz : il n'a pour cela ni l'esprit assez petit, ni peut-être, s'il faut tout dire, le cœur assez délicat. Ses souvenirs sont sans amertume, et sa vanité sans fiel.

« Il y a une autre vanité qui peut entraîner un auteur de mémoires à fausser la vérité, c'est le désir de faire son apologie, de s'attribuer des sentiments meilleurs, une conduite plus honnête et plus vertueuse que l'exactitude ne le comporte. Cela n'est point à craindre de Retz. Il avoue et révèle le mal sur son propre compte avec une rondeur, une absence de scrupule et souvent une impudeur qui auraient plutôt lieu d'étonner. Et en effet, quand les *Mémoires* de Retz parurent, en 1717, l'impression dominante dans le public fut la surprise de voir de semblables aveux faits sans hésitation et d'un air si dégagé. D'Argenson, le gendre de Caumartin, répondait au régent qui le consultait pour savoir si cette publication n'était pas dangereuse : « Non, il parle trop sincèrement de ses vices « et du mal qu'il a fait; personne ne sera tenté d'imiter un « homme qui se peint de ses propres mains sous de telles « couleurs. » Quelques-uns même arguaient du cynisme de ces aveux pour mettre en doute l'authenticité des *Mémoires*. Ainsi, M. de Sénécé, dans un article du *Mercure*, opposant aux confessions de saint Augustin *qui gémissait de ses fautes les plus légères*, les *Mémoires* de *cet Augustin moderne qui tire vanité de ses plus grands crimes*, se plaisait à croire que ces *Mémoires* étaient apocryphes, et réfutant à l'avance l'objection qu'on pouvait lui faire qu'après tout ces *Mémoires* étaient destinés à une amie et non au public : « Amie tant « qu'il vous plaira, répondait M. de Sénécé, il n'y a personne « de bon sens qui aime à faire des confidences si complètes « de sa turpitude..... » Ainsi la confession de Retz est complète, franche, hardie : il n'y manque que le repentir; mais quand il s'agit de mémoires, c'est en quelque manière une garantie de vérité.

« Mais s'il n'a pas la vanité de se faire meilleur qu'il n'a été, il a celle d'avoir été très-habile politique, et surtout d'avoir eu cette partie si importante, si essentielle de l'habileté politique qui s'appelle la *clairvoyance*. S'il fallait en croire Retz, il aurait donné aux principaux personnages, à Condé, à la reine Anne, au duc de Bouillon, à Gaston d'Orléans, de véritables consultations politiques, qu'il nous a conservées sous forme de discours, à la manière de Salluste, et où il aurait à merveille prévu les conséquences de tous les actes, les suites de toutes les fautes. Je sais bien qu'il s'accuse de quelques fautes. Et même quand il s'en accuse, il s'accuse trop. Dans ces passages, dont le nombre d'ailleurs n'est pas bien grand, où il signale quelque erreur, quelque faute commise par lui, il ne trouve pas de terme assez fort pour qualifier sa maladresse. Ce n'est jamais que *sottise* ou *insigne folie*. Aussi je me défie quelque peu de ces blâmes que Retz s'inflige de temps en temps à lui-même, je ne puis y trouver une entière sincérité; il me semble voir dans ces aveux faits avec cette franchise affectée, l'habileté d'un homme qui veut paraître se blâmer hautement dans quelques circonstances afin que l'on croie davantage à son habileté dans toutes les autres. Retz, quand il parle de ses *insignes sottises*, justifie à sa manière cette fine et profonde pensée d'un critique contemporain : *Se trop critiquer touche à s'estimer trop.* Ces gros mots sur lui-même sont bien moins des preuves de franchise que des appâts jetés à la crédulité du lecteur pour lui faire croire à la franchise de tout le reste, peut-être des artifices pour dissimuler des fautes plus effectives et plus graves. Je n'y trouve pas cet air de bonne foi d'un homme qui se juge et veut se faire connaître tel qu'il fut, mais quelque chose qui ressemble fort à la pose du comédien ou aux prestiges du charlatan. Voilà donc la principale, la véritable vanité de Retz : avoir toujours pris les meilleures mesures, conçu les desseins les mieux combinés, n'avoir jamais échoué que par la mauvaise étoile qui présidait à sa vie, en tout avoir eu une action personnelle, une importance prédominante. Il grossit son rôle plus encore qu'il ne l'altère, et c'est le principal danger que la vérité court sous sa plume. »

Nous voudrions suivre A. Feugère dans les leçons suivantes. Ce serait la meilleure manière de remettre dans leur vrai jour les qualités du jeune maître, la finesse de sa critique, la hauteur et la justesse de sa raison, cet équilibre heureux de facultés diverses qui se soutiennent et se tempèrent mutuellement. On verrait aussi quelle élévation le sentiment chrétien ajoute à la pensée et à l'expression de l'orateur, quand il vient, par exemple, à mesurer l'étendue du scandale public que donnait, par sa conduite, le coadjuteur de l'archevêque de Paris. Temps étrange et qui, par le contraste, réveille invinciblement les souvenirs de notre récente histoire ! A. Feugère le dit avec une émotion éloquente :

« Comment, disait-il, en voyant le rôle de ce coadjuteur de l'archevêque de Paris, dans les guerres civiles de la Fronde, ne pas penser à ce que sera dans nos guerres civiles de l'avenir le rôle de ceux qui seront assis sur ce même siége archiépiscopal ; comment parler de ce prélat qui se fait le chef de l'insurrection sans penser à ceux de ses successeurs qui plus tard en seront les victimes ? Comment considérer l'émeute s'apaisant devant un Retz, comme un soldat qui reconnaît son chef et qui se retire dès qu'il entend sonner le signal de la retraite, sans penser qu'un jour viendra où un des successeurs de Retz, voulant, lui aussi, apaiser la guerre civile qui ensanglante les rues, tombera frappé au cœur, et, mourant de la plus belle mort, d'une mort qui semble confondre le courage du citoyen et le dévouement du prêtre, paiera de son sang la pacification de la cité ? Comment, quand on voit Retz derrière l'insurrection, quelquefois à sa tête et jamais en face, quand on le voit organiser le gouvernement de la sédition, et dans les temps même les plus mauvais pour lui, s'en faire tranquillement une véritable armée qui le protége dans son archevêché, dans le cloître Notre-Dame transformé en forteresse, comment oublier l'histoire d'hier où l'on voit un autre successeur de Retz saisi, désarmé dans son archevêché, jeté en prison et fusillé par la stupide et hideuse vengeance de l'insurrection expirante, qui veut attacher au souvenir de sa défaite celui de forfaits capables d'épouvanter l'histoire ? Quel contraste entre ces temps où les insurrections se laissent gouverner par les archevêques et ceux où elles les assassinent ! Mais aussi quel scandale, impossible aujourd'hui, que celui d'un archevêque premier meneur de l'insurrection ! Triste contre-partie de l'histoire ! Nous avons, grâce à Dieu, le scandale en moins, pourquoi faut-il que nous ayons la férocité en plus et que nous ne puissions rien conclure autre chose, sinon qu'au siècle de Retz les peuples méritaient de meilleurs archevêques, et que, dans le nôtre, les archevêques mériteraient des temps plus heureux ! »

A. Feugère, un autre jour, exprime le regret que le cardinal de Retz ne se soit pas consacré, comme parfois il en eut la tentation, à ses hautes et savantes études, pour lesquelles il avait de merveilleuses dispositions. Sa renommée n'eût pas été acquise au bruit des discordes civiles et sur le théâtre des intrigues et des factions : moins suspecte et plus pure, elle n'eût pas été moins grande. Pourquoi le cardinal de Retz a-t-il méconnu les vrais intérêts de sa gloire ? Le jeune orateur répondra en rapprochant le nom de Retz de celui de Bossuet.

« Avec ses aptitudes merveilleuses et ses grandes connaissances, il y avait deux qualités que Bossuet possédait à un degré suprême et qui n'étaient malheureusement chez Retz qu'au second plan. La première, c'était le bon sens, le bon sens dans l'acception large et haute de ce terme, le bon sens qui fait toujours penser vrai et vouloir juste, le bon sens que Bossuet lui-même appelle *le maître de la vie humaine* ; et puis, après le bon sens, l'esprit de conduite qui est le fils du bon sens, l'esprit de conduite qui voit nettement le but qu'il faut poursuivre et qu'on peut atteindre, qui choisit la voie droite pour l'atteindre et y marche d'un pas assuré. Voilà pourquoi le cardinal de Retz avec ses aptitudes, son génie, les dons merveilleux que lui avait départis la nature, ne sera jamais sous la pourpre de cardinal comme sous la soutane du jeune abbé dont il avait tant voulu se délivrer, le cardinal de Retz ne sera jamais que l'auteur trop conséquent avec lui-même de la conjuration de Fiesque, admirable dans l'art d'ourdir lui-même des conjurations, plus admirable dans l'art qu'il possède de les raconter merveilleusement ; intelligence à laquelle la nature semble avoir prodigué ses dons les plus heureux, mais en y mêlant quelques dons perfides qui gâtent tous les autres; esprit qui ne veut se dépenser que dans l'action et qui, par une ironie de la destinée, ne doit son immortalité, au moins en ce qu'elle a de vraiment honorable et glorieux, qu'à sa plume; enfin cet homme, qui pouvait être le prédécesseur de Bossuet, restera à tout jamais Paul de Gondi, le grand impresario de la comédie des luttes civiles, Paul de Gondi, écrivain de génie, modèle des intrigants et roi des brouillons. »

Le cardinal de Retz conduisait à La Rochefoucauld. Tous deux ont joué un grand rôle. Ils se sont peints mutuellement et en grands artistes.

Ce sont, sinon au point de vue politique, du moins au point de vue littéraire, les deux plus grands noms de La Fronde, et leurs figures s'éclairent l'une l'autre, même par le contraste.

A. Feugère consacra à La Rochefoucauld deux entretiens. Avec quelle émotion nous venons de relire l'esquisse de la seconde leçon, d'une écriture cette fois plus rapide, plus agitée, et qui porte la trace d'une émotion particulière ! C'est qu'A. Feugère abordait une haute question morale, et, pour la résoudre, il n'avait qu'à suivre le mouvement généreux de sa pensée. Son dessein avait été d'expliquer et de développer cette fine remarque d'un critique contemporain : « Les *Mémoires* de La Rochefoucauld sont le récit de la Fronde, ses *Maximes* sont la moralité du récit. » A. Feugère décrit avec le plus grand soin, et prend, en quelque sorte sur le vif, ce travail intérieur de La Rochefoucauld, partant de certaines observations qu'il a faites pendant la Fronde; puis, les étendant, les appliquant à tous, et les transformant enfin en *maximes*. Le propre du moraliste, et surtout de La Rochefoucauld, ce n'est pas seulement d'observer les actions, leur diversité, leurs caractères, leurs effets; c'est principalement d'en démêler les mobiles. Les mobiles, on le sait, La Rochefoucauld les réduit en un seul, *l'amour-propre*, c'est-à-dire que, sous toutes les actions humaines, La Rochefoucauld cherche un motif égoïste qui les détermine; et pour lui les vertus, même les plus opposées en apparence à la vanité, à l'intérêt, à l'orgueil, à l'égoïsme enfin ne sont, à y regarder de près, que des calculs raffinés et des formes plus subtiles de cet indestructible égoïsme qui se cherche toujours, même et surtout quand il se cache. Les *Maximes* sont la moralité de la Fronde, mais la moralité étendue, généralisée, appliquée à l'ensemble des hommes. Cette généralisation est-elle légitime ? A. Feugère pourra accorder à La Rochefoucauld

qu'il a souvent raison ; il ne laissera pas cependant
de réclamer contre une conclusion trop exclusive,
trop systématique pour n'être pas étroite, et sa
pressante dialectique suit le moraliste sur le terrain même qu'il a choisi :

« Tout le système de La Rochefoucauld se réduit à cette
définition : *Le mobile de tous les sentiments et de tous les
actes humains, c'est l'amour-propre*. La première condition
pour qu'une définition soit bonne, c'est que les termes dont
on se sert soient clairs et distincts. Or remarquez qu'il n'en
est point ainsi de ce terme d'amour-propre. Il y a une équivoque, et une équivoque que La Rochefoucauld laisse subsis-
ter avec complaisance sur ce mot. Car il y a d'abord un
amour-propre qui n'est autre que l'amour du bonheur que
sollicite tout être, et cet amour n'est nullement interdit ; il
est parfaitement conciliable avec les mobiles vertueux, il ne
les exclut en aucune façon, et l'on peut dire, en un certain
sens, qu'il est la vertu même.—Il y a un autre amour-propre
qui est l'amour de son existence, de sa vie, l'instinct de con-
servation. — Il y a un amour-propre qui consiste dans l'intérêt ; — un autre amour-propre qui consiste dans la vanité ;
et ce n'est pas la même chose, puisque l'intérêt et la vanité
sont souvent en lutte l'un avec l'autre. J'ai bien peur que le
sens indéterminé de ce mot si complexe ne permette à La Rochefoucauld de faire passer sous un couvert spécieux bien des
maximes contestables, bien des paradoxes, bien des exten-
sions illégitimes des observations qu'il a faites. Il s'en tire en
disant que l'amour-propre prend toutes les formes, les plus
subtiles, les plus diverses. A la bonne heure ; mais si le système est forcé d'admettre que l'amour-propre prend toutes
sortes de formes, un système doit rendre compte de tout ce

qu'il admet. L'amour-propre prend toutes les formes, c'est bientôt dit ! Mais encore comment se fait-il qu'il prenne des formes si diverses et d'apparence si contraires ? Si le mobile qui fait toujours agir tous les hommes est unique, ils devraient tous, et toujours dans certains cas donnés, agir à peu près de même. Et comment se fait-il que la même cause, l'amour de soi, produise des effets si contraires ? Comment se fait-il, par exemple, que l'amour de soi, l'égoïsme, pousse sur le champ de bataille les uns à fuir, et les autres à se faire tuer ? On dira : Ceux qui se font tuer agissent par un égoïsme plus subtil, plus raffiné. Sainte-Beuve, qui est disciple de La Rochefoucauld, a écrit : « La prétention de ceux qui habitent « le premier étage dans la maison de l'amour-propre est de « n'avoir aucun rapport avec ceux qui occupent le rez-de- « chaussée. Ils ne pardonnent pas à La Rochefoucauld d'avoir « fait voir qu'il y a un escalier secret de communication. » Ceux qui habitent le rez-de-chaussée, ce sont ceux qui se sauvent ; ceux qui logent au premier, ce sont ceux qui se font tuer. Oui, mais pourquoi ces différences prodigieuses dans les effets d'une cause qui, par hypothèse, est identique ?

« Je prends un exemple : Un homme tombe à l'eau, il va se noyer. Un certain nombre de témoins le regardent. Pour le sauver, il faudrait se jeter à l'eau. Mais on risque de périr. Les spectateurs le savent, ils regardent, ils ont pitié du malheureux ; mais ils ne bougent pas. Je comprends cet égoïsme, je comprends cet amour de soi, il n'est pas généreux, mais il est simple. Voici qu'un homme se détache de la foule et se précipite dans le fleuve. C'est encore par amour-propre, dira-t-on, par égoïsme qu'il agit. Je commence à comprendre un peu moins. Car enfin cette vanité, cet amour des louanges, est-ce encore de l'égoïsme sous une autre forme ? Encore un coup, comment se fait-il qu'il prenne cette autre forme ? Comment se fait-il que le même mobile détermine tous les autres témoins à rester sur le quai ou sur le pont, et détermine un seul d'entre eux à se précipiter dans le fleuve? Si cet homme se jette à l'eau par amour de la gloire, des louanges, est-ce donc que l'avantage qu'il y trouve lui semble préférable à celui de rester sur la terre ferme et de conserver sa vie comme les autres spectateurs? Mais qu'est-ce à dire, sinon qu'il y trouve quelque chose de plus élevé, de plus pur, de plus beau; sinon, en d'autres termes, qu'à l'amour-propre se joint un sentiment du beau moral, du bien; que c'est ce sentiment du beau moral et du bien qui fait prendre à son amour-propre une toute autre forme, qui le modifie et le change même du tout au tout? Regardez-y de près : dire que l'amour-propre prend des formes diverses et contraires, c'est dire qu'il se modifie; dire qu'il se modifie, c'est dire qu'il subit l'action d'un autre élément; car s'il était absolument simple, il ne se modifierait pas et produirait toujours des effets sensiblement analogues. Or cet autre élément, c'est précisément le bien, le beau moral. Ceux qui habitent le premier étage dans la maison de l'amour-propre, ce sont ceux dont l'amour-propre est surélevé et heureusement modifié par un sentiment moral plus ou moins fort. Et dès lors, si le sentiment moral, si l'attrait du bien a une fois une place, un rôle dans l'explication des actes humains, dans la détermination des motifs, le principe de La Rochefoucauld sera détruit. En admettant, comme l'expérience me le prouve, que le sentiment moral s'ajoute à l'amour de soi et le corrige dans une proportion plus grande chez ceux-ci que chez ceux-là, je m'élèverai de degré en degré jusqu'au point où la part du sentiment moral l'emportera sur celle de l'amour de soi. »

Sur un autre point, A. Feugère va poursuivre et compléter cette pénétrante analyse. La Rochefou-

cauld, parlant de la valeur militaire, l'explique en
partie par le tempérament, mais aussi par des
motifs plus intéressés. « L'amour de la gloire, écrit
le moraliste, la crainte de la honte, le dessein de
faire fortune, le désir de rendre notre vie commode et agréable, et l'envie d'abaisser les autres,
sont souvent les causes de cette valeur si célèbre
parmi les hommes. » Et comme La Rochefoucauld
sent bien que cela ne s'applique pas à tous, il
ajoute dans la maxime suivante : « La valeur est
dans les simples soldats un métier périlleux qu'ils
ont pris pour gagner leur vie. » L'orateur, s'ani-
mant de plus en plus, répond au moraliste chagrin
du XVIIᵉ siècle :

« Qui ne voit que tout ceci convient à des armées de gentilshommes et de reîtres, à ces armées comme celles que La
Rochefoucauld a vues sillonner et ravager la France pendant
la Fronde, mais non aux armées nationales combattant pour
le sol de la patrie. Qui ne voit que ces explications de la valeur militaire étaient déjà insuffisantes au XVIIᵉ siècle, et que
dire du nôtre ?...

« ... L'amour de la gloire, l'ambition, pour les états-ma-
jors, passe encore ; mais oubliez-vous, ô conquérant, tous ces
conscrits que votre soif de gloire a arrachés à leur village et
qui ont, dans les batailles, marché au-devant d'une mort que
parfois ils voyaient inévitable, qui sont tombés obscurs pour
leur drapeau, pour la patrie, pour la défense de vos conquêtes,
et peut-être, ô grand homme ingrat, pour vous-même, si,
comme tant d'autres, ils ont eu la naïve et généreuse folie de
faire de vous une idole ? Les oubliez-vous, tous ceux-là ? Et

si l'on peut soupçonner qu'ils eussent des espérances d'avenir,
de fortune, de gloire ; si l'on me dit que Napoléon les conduisait à la victoire, que dire de ceux qui, dans les plus tristes
jours de la patrie envahie, persuadés souvent que la victoire
était désormais impossible, et quelquefois, sans aucun ordre
reçu, d'eux-mêmes, allaient prendre rang dans des luttes
sans espoir, tombaient d'une mort sans nom, et faisaient au
devoir et à la patrie le sacrifice obscur, et qu'ils savaient inutile, d'une vie qui leur promettait peut-être le bonheur et la
gloire ! Il y a telle famille en France, que je pourrais nommer,
qui avait sous les drapeaux dix-huit de ses membres, jeunes
et vieux, père et fils, frères aînés et frères cadets, tous
étaient partis, laissant des femmes, des mères, des sœurs qui
ne les avaient pas retenus, qui les avaient encouragés à partir
et qui avaient attendu qu'ils fussent partis pour les pleurer.
Que penseriez-vous d'un moraliste de l'école de La Rochefoucauld qui serait venu dire à toutes ces femmes éplorées :
Ceux qui sont partis, ne croyez pas qu'un autre motif que
l'amour-propre les ait séparés de vous. C'est l'amour de la
gloire, c'est l'ambition, c'est le désir d'augmenter leur réputation, c'est un intérêt quelconque qui les a entraînés, ce
n'est pas autre chose ; et vous, vous qui pleurez leur départ,
sachez-le bien : *quelques prétextes que nous donnions à nos
afflictions, ce n'est que l'intérêt et la vanité qui les causent.
Sous prétexte de pleurer la perte d'une personne qui nous
est chère, nous nous pleurons nous-mêmes, nous regrettons
la bonne opinion qu'elle avait de nous; nous pleurons la
diminution de notre bien, de notre plaisir, de notre consi-
dération.* Ou bien, sachez-le encore, *on pleure pour avoir la
réputation d'être tendre; on pleure pour être plaint ; on
pleure pour être pleuré; enfin, on pleure pour éviter la
honte de ne pleurer pas.* Que penseriez-vous d'un philosophe
qui serait venu tenir ce langage à ces femmes qui attendaient

avec angoisse des nouvelles de tous les champs de bataille?
Ce langage, Messieurs, est celui de La Rochefoucauld. »

Dans cette éloquente leçon, le chrétien aussi,
après le moraliste et le patriote, aura son tour de
parole, et c'est le chrétien, en effet, qui terminera
le débat en refusant à La Rochefoucauld le droit
de dire que sa froide et désolante doctrine est
d'accord avec le christianisme :

« La Rochefoucauld prétend qu'il est d'accord avec le christianisme. Et je sais que cela flattait les jansénistes. Car eux
aussi soutenaient que, dans l'état de nature, l'homme cor-
rompu est absolument le jouet de l'amour-propre et incapable
d'aucun bien. Il ne me serait pas difficile de montrer que ce
point de vue excessif des jansénistes, comme de La Rochefoucauld lui-même, est destructeur non-seulement de toute
morale naturelle, mais encore de la religion même. Car, si
profonde que l'on suppose la chute originelle et la corruption
de la nature, il faut pourtant bien qu'elle ait encore quelque
reste de sa grandeur première, de son aptitude au bien, il
faut, si vous me permettez cette expression, que la grâce
trouve où se prendre dans la nature. Mais, sans m'attacher à
ce point de vue, je n'accepte pas cette prétendue harmonie
entre La Rochefoucauld et le christianisme. Le christianisme
m'en apprend autant que La Rochefoucauld sur la corruption
de la nature, sur l'attachement au *moi*, sur l'égoïsme indestructible ; mais le christianisme me donne en même temps
l'espoir et la force pour triompher de cet égoïsme. La Rochefoucauld me fait connaître mon égoïsme, mais il m'apprend
que cet égoïsme est le même chez tous : ainsi il m'ôte l'espérance et m'épargne la peine de me corriger. Il me désole trop

et me console trop tout ensemble. Le christianisme m'ensei-
gne ma corruption, mais c'est pour m'encourager à en sortir;
et dans son admirable économie, il me montre les saints qui
de cette corruption se sont élevés jusqu'à la plus haute vertu.
Ainsi, lisons les *Maximes*, sachons accepter les lumières que
ce pénétrant observateur a jetées sur l'homme; mais repous-
sons l'esprit général qui fait le système de La Rochefoucauld
et ne consentons pas à croire que l'humanité ne soit qu'une
Fronde agrandie. »

C'était répondre encore à La Rochefoucauld que
de peindre, comme le fit A. Feugère dans les deux
conférences suivantes, un de ces hommes qui font
honneur à l'homme, un personnage auquel La
Rochefoucauld n'a pas pris garde, et qui pourrait
contrarier son système, le premier président Mathieu Molé. Le jeune maître, on le sent, a un
attrait particulier pour la gravité, le sérieux de ce
grand caractère, pour cette austère physionomie,
ce regard pénétrant et droit, ce geste sobre et
ferme, ce langage un peu rude et abrupt, mais
plein de force, pour cette autorité que subissaient
malgré eux les plus violents. Il s'arrête avec complaisance à la journée héroïque de Mathieu Molé,
et condamnant la curiosité qui demande toujours
à l'histoire du nouveau et du piquant, « l'histoire,
ajoute-t-il, offre assez de spectacles tristes et honteux; elle met sous nos yeux assez d'ambitieux et
de coupables illustres. Ne soyons pas de ceux qui

ne se plaisent qu'à chercher curieusement les misères du passé et à faire revivre les scandales oubliés. » L'exemple de Molé n'est pas seulement une réponse au système humiliant de La Rochefoucauld, il continue les traditions de fermeté morale qui a fait l'honneur de la magistrature française et lui mérite les attaques haineuses dont nous sommes encore aujourd'hui les témoins attristés.

« Si je cherche à qui je puis comparer l'homme intrépide dont je viens de parler, je trouve au XVIe siècle le vertueux chancelier de France, magistrat vénérable qui, jeté au milieu des plus tristes discordes, ne travailla qu'à concilier les partis, ne souhaita que le bien de l'Etat, et, plus malheureux que Molé, vit tous ses efforts inutiles, fut payé par l'ingratitude et n'échappa à la Saint-Barthélemy que par un pardon qui lui parut plus humiliant et plus amer que le supplice. Et, de l'autre côté, je vois ce président de la Convention, immobile sur son siége, dans la salle des séances envahie par la populace, couché en joue par les furieux, saluant la tête de son collègue assassiné qu'on lui présente, seul, impassible, intrépide en face de l'insurrection victorieuse. Mathieu Molé ne pâlit pas devant ces grandes figures. Grâce à lui, la Fronde a un personnage qui prend place entre l'Hôpital et Boissy d'Anglas. »

Dans le second semestre de cette laborieuse année, A. Feugère compléta par d'autres portraits la galerie qu'il avait ouverte. Pour être moins hautes et moins saillantes, ces nouvelles figures sont loin de manquer d'intérêt, et, sous le pinceau du maître, elles prennent souvent une vie et une couleur qu'on ne leur soupçonnait pas. Attentif aussi à toujours rattacher les sujets particuliers qu'il rencontre à des questions plus générales, A. Feugère ne quittera pas, par exemple, les *Mémoires* d'Omer Talon sans décrire les caractères de l'éloquence parlementaire au temps de la Fronde. Avec les *Mémoires* de Lenet, qui par eux-mêmes ont peu de relief et de tour, il éclaire cependant certains côtés curieux des mœurs et de la société du temps; il nous apprend ce qu'était, au XVIIe siècle, ce lien social que nous avons quelque peine à comprendre aujourd'hui, *la domesticité*, mot qui n'avait pas le sens étroit et humble qu'il a pris aujourd'hui, reste de ces traditions féodales qui assuraient à l'inférieur l'appui du seigneur et donnaient au seigneur le droit de compter sur ceux qui lui appartenaient. A ce propos même, A. Feugère, comparant le passé au présent, fera de bien fines et sages réflexions :

« Ces liens de la domesticité commençaient en général à perdre beaucoup de leur force au milieu du XVIIe siècle, bien que la Fronde ait montré qu'ils en avaient encore. Louis XIV fit disparaître non pas les derniers vestiges de cette domesticité, mais il en détruisit toute la force en attirant toutes choses à lui. Il substitua à toutes ces domesticités des grands seigneurs une seule domesticité, sa cour. En cela

il fit assurément les affaires du pouvoir royal et de l'unité
française ; il ne fit pas tout à fait aussi bien celles de la liberté.
Cette domesticité, elle est bien loin de nos mœurs, de notre
état social ; il faut pourtant la comprendre et surtout n'en
pas médire trop à la légère. Ces rapports sociaux impliquaient
certaines garanties fort imparfaites, j'en conviens, fort dangereuses, fort compromettantes pour le bon ordre et pour la
paix publique, mais certaines garanties cependant de protection et de résistance contre la toute-puissance de l'Etat. De
même que les corporations des métiers favorisaient le groupement et la cohésion des intérêts, ainsi dans la maison d'un
grand seigneur se trouvaient des gentilshommes, des bourgeois, des vilains, des gens de tout rang qui formaient un
groupe, et ce groupe était une force, un point de résistance.
Dans notre société moderne, il n'y a plus que l'Etat, et en
face de ce colosse, des individus, des grains de poussière. Et
les individus, sentant le besoin de s'associer, de se grouper,
s'associent et se groupent selon le rang, selon la condition
sociale, de telle sorte que les conditions sociales deviennent
ennemies entre elles et qu'on n'a jamais plus entendu parler
des classes que depuis qu'elles n'existent plus. Les anciens
rapports sociaux produisaient mille désordres, les ligues, les
cabales, les partis ; les nouveaux produisent les rivalités entre
riches et pauvres. L'ancienne société était plus exposée aux
guerres civiles, la nouvelle aux guerres sociales. »

Les *Mémoires* de la duchesse de Nemours amènent une autre fois l'orateur à dire son sentiment
sur les héroïnes de la Fronde et de quelle manière
elles ont inspiré Corneille. Malgré la rapidité de
l'esquisse, qui, sans doute, voudrait quelques re-

touches de détail, on jugera s'il était possible de
parler avec plus de tact et de grâce :

« Certes, quand on voit une Longueville braver les dangers,
les combats, la tempête, pour soutenir le parti de celui qu'elle
aimait; quand on voit une Hautefort dirigeant les affaires de
tout un parti, pleine de décision dans la conception des desseins, pleine de fermeté dans l'exécution, relevant les cou-
rages abattus, soutenant de longues luttes contre la volonté
inflexible de Richelieu ou contre les ruses non moins redoutables de Mazarin, quand on voit tant de courage, d'énergie,
de constance, on ne peut se défendre d'un sentiment d'admiration pour des femmes si supérieures à leur sexe. Mais si
elles n'en connaissent pas la faiblesse, en ont-elles gardé le
charme et la grâce? Non, et c'est la rançon que doivent payer
toutes les femmes qui prennent parti dans nos disputes et qui
se mêlent aux affaires publiques. Aussi ai-je toujours pensé
que ceux qui revendiquent et qui prêchent le *droit des
femmes* sont des avocats bien dangereux pour leurs clientes.
A Dieu ne plaise que je compare les nobles héroïnes de la
Fronde avec ces femmes telles que les souhaiteraient ces
théoriciens d'une égalité mensongère et chimérique, telles
que nous les voyons, hélas! quelquefois dans nos discordes
civiles, transformées en tribuns, dépassant les hommes par
l'absurdité des idées et par la violence du langage, en attendant que d'autres femmes qui les écoutent aillent elles-
mêmes hurler dans les rues, excitant l'émeute et propageant
l'incendie. Non, les héroïnes de la Fronde étaient, par leur
naissance, par leur milieu, par le temps où elles ont vécu,
par la supériorité même de leur esprit, préservées d'un certain degré de déformation morale auquel les brutalités démagogiques pourraient seules exposer les femmes. Mais enfin,
avec cette distinction suprême qu'elles ne perdent jamais,

malgré ce don de séduction qu'elles conservent au milieu de tous les complots et qui devient quelquefois une arme mise au service de leur ambition, malgré tout cela, ne voyez-vous pas qu'elles prennent un caractère tantôt de fermeté qui va jusqu'à la raideur, tantôt d'activité fiévreuse et infatigable, qui nous fatigue, nous, et qui les rend moins aimables. Il y a une place où je voudrais les voir se reposer quelquefois, mais je les y cherche en vain ; cette place, c'est le foyer domestique. Engagées dans les cabales, poursuivant la chimère de l'ambition et l'ombre de la puissance, les femmes de la Fronde ont oublié les devoirs et les vertus de leur sexe, et par un juste châtiment, elles n'en ont pas connu le solide bonheur.

« Il y a chez elles en tout, même dans le bien, quelque chose de forcé, de faux, parce qu'en tout, dans leurs aventures romanesques, dans leurs dissertations galantes comme dans la hauteur théâtrale de leurs sentiments, elles veulent sortir des conditions de la réalité. Leur goût si louable des choses de l'esprit devient souvent un raffinement pédantesque et une subtilité transcendante ; si elles sont vertueuses, leur vertu est rude ; si elles ont cessé de l'être, leur repentir même, qui les jette presque toujours dans le jansénisme, a je ne sais quoi d'excessif et de violent. Je ne voudrais pas, à propos de ces héroïnes, faire des rapprochements malséants ; mais enfin, il suffirait d'exagérer le goût déjà subtil et prétentieux des choses de l'esprit, vous aurez la femme savante et pédante ; d'exagérer la rudesse vertueuse et la dévotion hautaine, vous aurez la femme grondeuse et despote. Sans doute, il faut faire beaucoup de chemin encore, mais non pas changer de direction, pour passer de Mme de Hautefort à Mme Pernelle, et de Mme de Sablé à Philaminte.

« Mais non, encore un coup, il est malséant de rapprocher ces noms. Ne descendons pas jusqu'à Molière. Voulez-vous voir, non plus tournées en ridicule, mais représentées sous des traits sublimes, au contraire, ces femmes de la Fronde : parcourez le théâtre de Corneille. Comme ils sont bien l'expression de leur temps, ces grands génies dramatiques ! C'est une romaine, sans doute, mais n'est-ce pas plutôt encore une héroïne du temps de Louis XIII ou de la Fronde, cette Emilie avec ses *impétueux désirs d'une illustre vengeance*, qui ne veut promettre sa main à Cinna que s'il la délivre d'Auguste, et qui est l'âme de la conjuration dont son amant est le chef ! Nous relevons comme une faute de goût les galanteries que Cinna lui adresse. Ce qui est du mauvais goût, en effet, n'est qu'une vérité de plus, si vous vous reportez aux mœurs du temps. Cinna termine l'admirable récit de la conjuration qu'il fait à Emilie par ce vers :

> Mourant pour vous servir, tout me semblera doux.

Ainsi, la conjuration expire en madrigal ; cela nous déplaît, cela nous offense. Mais rappelez-vous ce maréchal de France, le maréchal d'Hocquincourt, écrivant à Mᵐᵉ de Montbazon ce petit billet : *Péronne est à la belle des belles*, et dites encore si le vers de Cinna ne vous rappelle pas les deux vers de La Rochefoucauld, au bas d'un portrait de Mᵐᵉ de Longueville :

> Pour mériter son cœur, pour plaire à ses beaux yeux,
> J'ai fait la guerre aux rois, je l'aurais faite aux dieux.

Il avait tort, ce chansonnier de la Fronde, qui donnait pour refrain à l'une de ses chansons :

> L'on ne peut pas accorder les trompettes
> Et les fleurettes ;
> Car les amours
> Sont effrayés par le bruit des tambours.

N'en déplaise au chansonnier, on avait su accorder en ce temps-là les trompettes et les fleurettes. Corneille avait raison contre le chansonnier quand il faisait Cinna galant comme le maréchal d'Hocquincourt ou comme La Rochefoucauld... Mais aussi, on l'a remarqué, les femmes, chez Corneille, ont souvent quelque chose de dur, de forcé, de violent.

« Et voyez comme tout se correspond et s'enchaîne. Je le disais tout à l'heure, ces héroïnes de la Fronde, j'ai le regret de ne les voir jamais au foyer domestique! Eh bien ! voici une remarque curieuse : dans le théâtre de Corneille, il y a aussi un type qui manque. Lequel? la mère. La mère, digne de ce nom, vous ne la trouvez pas. Vous trouverez l'amante, la fille réunies dans cette adorable création de Chimène, vous trouverez l'épouse dans Pauline, la veuve dans Cornélie, la marâtre dans l'Arsinoé de *Nicomède*. Mais la mère, vous la chercherez en vain. Chose étrange, ce grand poète, qui a tant étudié son art, qui a fait jouer tant de ressorts dramatiques et qui en a inventé de nouveaux, n'a pas mis une seule fois au théâtre ce sentiment dont Racine animera ses plus belles créations, auquel il fera parler tant de langages différents. C'est que le théâtre de Corneille, expression des tendances de son temps, s'élève au-dessus de la nature, et que Racine, moins sublime mais plus vrai, comme son temps aussi, peint la nature même. »

Le portrait ensuite de Gourville et de cette belle humeur sur laquelle n'ont de prise ni les mésaventures, ni les maladies, témoignerait encore, s'il était besoin, de cette rare souplesse d'esprit et de plume qui permet à A. Feugère de saisir la ressemblance des plus divers personnages et de les peindre dans leur naturel. Dans ses deux leçons sur la fille de Gaston d'Orléans, ordinairement appelée la *Grande Mademoiselle*, nous trouverions, avec de fines analyses morales, une veine de gaieté qui repose l'attention en l'amusant. Comment ne pas se dérider en racontant le roman de Mademoiselle avec Lauzun ? Après l'avoir relu dans les *Mémoires* mêmes de Mademoiselle, l'orateur ajoutait malicieusement :

« En lui-même, le roman est charmant, charmant comme tout ce qui est jeune. Le malheur est que les héros ne le sont plus tout à fait assez. Toute cette histoire que nous raconte Mademoiselle, ces artifices pour se voir, pour se saisir au passage, pour échanger quelques mots dans l'ombre, ces demi-confidences, ces aveux dont on a peur soi-même aussitôt qu'on les a laissés échapper, ce serait une idylle délicieuse vingt ans plus tôt. C'est cet anachronisme qui gâte l'effet et qui change, quelque bonne volonté qu'on y mette, l'idylle en comédie. Mademoiselle qui, dans sa jeunesse, faisait profession de ne songer qu'à l'établissement et point à la personne, elle a donc connu, elle aussi, ces émotions tendres, ces battements de cœur, ces alternatives d'espérance et de crainte ; elle a entendu, comme dit à Juliette le Roméo de Shakespeare, cette voix de l'amour dont les sons argentins arrivent à l'âme, comme à l'oreille la plus suave musique. Pourquoi faut-il que le délicieux et éternel duo soit chanté par des voix qui ont perdu leur fraîcheur ? Pourquoi faut-il que Roméo, cette fois, soit le plus roué des Gascons, et Juliette une prima donna de quarante-trois ans ? »

Les *Mémoires d'un moine*, le Père Berthod, et

la *Correspondance d'un bourgeois caustique*, Gui Patin, terminèrent la série des leçons du second semestre. Les premiers donnèrent à A. Feugère l'occasion de parler du rôle du clergé pendant la Fronde et aussi d'indiquer finement dans quelle mesure le mouvement janséniste eut avec le mouvement frondeur des liens cachés, une secrète parenté. « L'un et l'autre, concluait-il, l'un sur le terrain politique, l'autre sur le terrain religieux, étaient le résultat et l'expression d'une certaine humeur remuante, mécontente, ennemie de l'unité, qui s'était agitée pendant tout le règne de Louis XIII et sous la main de fer de Richelieu. L'un et l'autre ils aimaient beaucoup l'intrigue. Les Frondeurs, si tant est qu'ils eussent un but, se proposaient vaguement une restauration chimérique de l'ancienne constitution du royaume, comme les jansénistes un retour à l'austérité et à l'intégrité de la primitive Eglise. Les Frondeurs continuaient les Importants. Or, Mme Cornuel appelait les jansénistes des *importants* spirituels. Il y avait donc entre les deux mouvements des rapports incontestables, une affinité secrète, et c'est ce qui explique que tant de personnages célèbres du parti frondeur soient devenus des pénitents célèbres de la secte janséniste. Mais ce fut là une parenté logique et inconsciente plutôt qu'une alliance pratique et effective. En fait, les jansénistes furent divisés, pendant la Fronde, comme le clergé, comme toute la société d'alors. » Si A. Feugère ne pouvait s'attarder devant Guï Patin qui d'ailleurs ne joua aucun rôle actif pendant la Fronde, il en donne du moins un crayon rapide plein de verve et de relief :

« Gui Patin avait bon cœur au fond ; mais on peut bien dire de lui, et c'est encore un trait de caractère du bourgeois : bon cœur et mauvaise tête. Il est en tout et sur tout d'humeur opposante. En religion, on aurait grand tort d'en faire un libre-penseur ; il n'est qu'un franc parleur et un indocile. Il a des hardiesses, des témérités de paroles ; il déteste les moines, les jésuites surtout, presque à l'égal de l'antimoine ; il aime Saint-Cyran et les jansénistes, parce qu'ils combattent les jésuites et qu'ils sont une opposition. Il parle mal des cardinaux, des prélats romains, de la *papimanie*. Il est téméraire, satirique, *gausseur*, comme on l'était au XVIe siècle. « Avec mon ami, le président de Blancmesnil, nous en disons « de bonnes, écrit-il, quand nous sommes enfermés. » Il se moque des prédicateurs et les appelle des *gazetiers de l'autre monde.* Il est très-laïque, un peu protestant. Mais ne nous en tenons pas à l'écorce. Malgré toutes ces échappées de hardiesse qui pourraient donner le change, il reste attaché à la foi de ses pères. « Il ébranle les vitres, dit M. Sainte-Beuve, « mais il ne les casse pas. » Il a un crucifix dans son cabinet d'étude et un portrait de saint François de Sales. Il se recommande aux prières de ses amis, et ses plaisanteries sur les *gazetiers de l'autre monde* ne l'empêchent pas d'y croire. En politique, Gui Patin est de même. Il aime la royauté, mais il en déteste les ministres. Il est un exemple frappant de ces deux sentiments que nous avons constatés tant de fois : respect du roi, haine des ministres. Contre Mazarin, il dépense une verve intarissable jusqu'au moment où il pourra dire avec sa- tisfaction ce qu'il a déjà dit de Richelieu : *Il est en plomb, l'éminent personnage.* Mais au milieu de tout cela, pas un mot contre le roi. Il continue et répète sous toutes les formes le cri de la Fronde : *Vive le roi et point de Mazarin !* »

A. Feugère avait rempli complétement le cadre qu'il s'était tracé. Forcé de limiter nos citations, nous voudrions espérer du moins que le choix, tel que nous l'avons fait, eût permis à nos lecteurs d'entrevoir, au travers de ces pages détachées et qui n'étaient pas définitives, les rares qualités du jeune orateur qu'il était superflu de rappeler à ceux qui l'ont entendu. Certes, après une cam- pagne aussi longue, aussi laborieuse, quelques semaines de repos auraient paru trop légitimes. A. Feugère ne les prit pas, et le lendemain même du jour où avaient commencé les vacances du Collége de France, nous le retrouvions à son bu- reau, au milieu de ses livres et de ses papiers, se préparant déjà au travail de la prochaine année classique, qui devait, hélas! être la dernière.

IX

Le 6 décembre 1876, A. Feugère se retrouvait devant son auditoire du Collége de France, toujours aussi nombreux et aussi sympathique, et, comme les deux années précédentes, il donnait dans sa première leçon une vue d'ensemble sur le sujet qu'il se proposait de traiter. Aux mémoires qui se rapportent à la Fronde succédaient naturellement les mémoires qui nous font entrer dans une période bien différente, celle du gouvernement personnel de Louis XIV. Le contraste ne pouvait manquer d'être frappant. Au lendemain même de la mort de Mazarin, Louis XIV entre en scène. Aussitôt, amis ou adversaires du cardinal, *importants* d'autrefois et frondeurs de la veille, tous s'inclinent, tous vont en silence se ranger derrière le maître, et, durant cinquante-quatre ans, il sera de tous le chef unique et suprême. Jamais homme n'a dominé plus souverainement

un peuple et un siècle. C'était bien lui qui devait
ouvrir la série des leçons du jeune professeur.

On pouvait se demander avec quelque inquiétude s'il restait encore quelque chose à dire sur
Louis XIV. L'analyse de la leçon d'A. Feugère
suffira pour répondre à cette crainte. Est-il un
sujet épuisé pour un esprit jeune, curieux et qui
sait penser par lui-même ? D'ailleurs, la multiplicité des travaux provoqués par la personne et le
règne de Louis XIV ne devient-elle pas elle-même
un objet d'étude ? Ne serait-ce rien que de suivre
l'histoire d'une réputation à laquelle n'ont manqué
ni les flatteries excessives, ni les dénigrements
systématiques ? Et A. Feugère n'avait-il pas raison
de dire que la simple équité, le désintéressement,
l'étude critique et impartiale des témoignages historiques étaient devenus, quand on parle du grand
roi, comme l'équivalent de l'originalité ?

A. Feugère donnait un premier exemple de cette
intelligence critique si précise et si nette en appré-
ciant le *Siècle de Louis XIV* de Voltaire. S'il rendait toute justice à l'œuvre d'art, à la brièveté qui
résume de longues recherches poursuivies avec
une patience que Voltaire n'eut pas toujours, à la
sobriété du trait comme à la pureté du goût, il
était amené, en parlant de l'œuvre historique, à
faire plus de réserves. La division de l'ouvrage en
une série de chapitres distincts et successifs qui

partagent en groupes isolés des faits inséparables, ce plan qui montrait Voltaire préoccupé avec raison de faire une place importante à des éléments essentiels de l'histoire trop négligés jusque-là, A. Feugère montrait fort bien qu'il faisait disparaître l'unité du tableau :

« Cette conception historique, plus large, plus compréhensive, plus philosophique, Voltaire lui-même n'en déduit pas toutes les conséquences et n'en paraît pas saisir toute la portée. Les rapports mutuels de ces éléments qu'il introduit dans l'histoire des mœurs, des lois, des coutumes, l'influence de chacun d'eux et de tous ensemble sur la direction générale de la société, les causes lointaines des événements, leur signification cachée, leurs conséquences morales ou sociales, les mouvements et les dispositions intimes de l'esprit public, la révolution latente qui s'opère dans les croyances et dans les maximes, en un mot tout ce qui n'est pas apparent et extérieur, Voltaire l'ignore ou l'effleure à peine. Sous la magnificence et l'éclat des dehors, il ne découvre pas les germes de ruine et les principes de transformation prodigieuse dont il est lui-même le vivant et redoutable témoignage. Rien dans son livre qui nous aide à comprendre comment au règne de Louis XIV succéda le XVIIIe siècle et son propre règne à lui, Voltaire. Ce n'est pas qu'il dissimule la vérité; c'est qu'il ne l'aperçoit pas tout entière. Il a raison d'admirer, de vanter « le siècle le plus éclairé qui fût jamais, » comme il dit lui-même; mais il a tort de ne pas voir les ombres, ou d'en voir à peine de légères. Le miroir qu'il nous présente est merveilleusement limpide et transparent; mais il ne reflète que le beau côté. Pour tout mesurer et pour tout comprendre, il manquait à Voltaire deux qualités essentielles :

l'élévation et la profondeur. Lui, qui se piquait d'écrire l'histoire « en philosophe », il l'écrit bien plutôt en lettré et en épicurien, parce qu'il est uniquement sensible aux beautés des chefs-d'œuvre de l'art, aux agréments de la politesse et à toutes les jouissances de la civilisation. Son ouvrage est une peinture fidèle en tout ce qu'elle reproduit, mais superficielle et incomplète. »

Voltaire avait réagi contre l'opposition satirique qui, sous la régence et au commencement du règne de Louis XV, s'était attaquée à la mémoire et au gouvernement de Louis XIV. Plus tard, sous l'influence de la Révolution, une réaction tout opposée se produisit contre Voltaire et contre l'esprit de son livre. Lemontey, dans son *Essai sur l'établissement monarchique de Louis XIV*, écrivait la véritable contre-partie de l'ouvrage de Voltaire, où il substituait à l'admiration exclusive le persiflage systématique, et « s'étudiait à retourner complétement la médaille pour n'en montrer que le revers. » La publication des *Mémoires* de Saint-Simon contribua encore à détruire l'ancien prestige. Il arriva même un moment, et A. Feugère le saisit avec finesse, où, adversaires et partisans de la monarchie, s'accordèrent, pour des motifs différents, à rabaisser Louis XIV :

« Une génération, qui faisait la première épreuve de la liberté politique, accueillit avec plaisir tout ce qui l'autorisait à rabaisser un monarque dont le seul nom évoquait le souvenir de l'absolutisme. En même temps, l'étude plus critique et plus profonde de l'histoire du passé révélait, quoiqu'un peu confusément d'abord, que Louis XIV n'était pas innocent de la Révolution, qu'il en avait, par son despotisme, rendu l'explosion inévitable et peut-être les excès plus sauvages. On s'accoutuma à faire peser sur lui la première responsabilité de nos convulsions et de nos malheurs. Par une étrange rencontre, les amis et les adversaires de l'ancienne royauté lui en voulurent également, les uns de l'avoir exercée, les autres de l'avoir compromise. On le considéra tantôt comme une sorte de *Fils du Ciel*, servi par des mandarins, uniquement préoccupé de sa personne et de sa demi-divinité; tantôt comme un esprit étroit et médiocre, entouré par son heureuse étoile d'une élite d'hommes supérieurs dont il avait usurpé la gloire, sans rien tenir de son propre fonds que la volonté aveugle de tout opprimer et de tout asservir. Les mots d'*étroit*, de *mesquin*, de *petit*, d'*ineffablement ridicule* furent prononcés à propos de lui, le grand roi! Ainsi, après avoir tout exalté dans son siècle, on lui refusa tout à lui-même; le panégyrique fit place au pamphlet; on avait flatté le règne, on dénigra le roi. »

En présence de jugements si contraires, le mieux est de revenir aux témoignages directs et surtout aux mémoires, de les compléter et de les corriger les uns par les autres, sans aucune complaisance pour ce qui peut fortifier une thèse ou flatter une opinion. C'est dans cet esprit de haute justice qu'A. Feugère se préparait à aborder cette nouvelle série des mémoires du XVIIe siècle. Mais le cadre de son cours eût été incomplet s'il n'eût

d'abord fixé, en traits rapides et fermes, l'image de
Louis XIV telle qu'elle se dégageait pour lui d'une
étude dont il allait bientôt apporter les résultats
variés. Il raconte avec charme l'enfance de
Louis XIV, il montre le jeune prince héritant de
sa mère l'idée du pouvoir absolu des rois et de la
muette obéissance qui leur est due. Les épreuves
de la Fronde, loin d'affaiblir cette croyance au
droit divin de la royauté, la confirmèrent plus profondément dans son esprit. En même temps, il a
de bonne heure le sentiment des dangers qui menacent un Etat quand la main du monarque n'en
tient pas les rênes. « Dès l'enfance même, écrit-il
dans ses *Mémoires*, le seul nom de rois fainéants
et de maires du palais me faisait peine quand on
le prononçait devant moi. » Mazarin, qui se connaissait en hommes, vit le roi *pointer sous le joug*,
selon le mot expressif de Saint-Simon. Cependant,
avec une prudence rare chez un jeune prince,
Louis XIV sut contenir cette impatience du joug,
et il continua de s'instruire à l'école de l'habile
politique qui avait signé le traité de Westphalie et
préparait celui des Pyrénées. Il compléta ainsi
l'éducation insuffisante qu'il avait reçue par celle
qu'il se donna lui-même, et, Mazarin mort, il était
à la hauteur des devoirs que sa volonté et son
honneur lui imposaient.

A. Feugère, par un choix de citations heureusement groupées, et qu'il emprunte aux écrivains les moins suspects de partialité, nous remet devant les yeux un Louis XIV dans sa vraie et royale attitude, « tout décent, noble (c'est Saint-Simon qui le dit), grand, majestueux et toutefois très-naturel, » d'une majesté qui n'excluait nullement la grâce, s'exprimant avec « des paroles précises, image de la justesse de ses pensées, » sachant, dans ses réponses les moins préparées, « renfermer en peu de mots tout ce qu'il y avait à dire de mieux selon les temps, les choses et les personnes, » roi enfin jusque dans les plus petits détails. Nul personnage historique ne s'est mieux identifié avec son rôle, n'a plus complétement tout subordonné en lui au sentiment toujours présent de sa situation, et, à ce propos, le jeune orateur fait cette piquante observation :

« On a remarqué ingénieusement qu'il était fort difficile d'introduire sur la scène le personnage de Louis XIV sans courir le risque ou de le dégrader, ou de faire figurer une image froide et sans vie, tandis que son aïeul Henri IV avait beaucoup gagné dans cette épreuve populaire. Pourquoi cette différence ? C'est que chez le Béarnais, chez cet ancien capitaine de fortune qui a tant de fois payé de sa personne et qui doit son trône à la conquête autant qu'à la naissance, la sève naturelle et humaine jaillit en quelque sorte au travers de la majesté royale par de brusques échappées; le roi laisse paraître l'homme : chez Louis XIV, l'homme s'efface et disparaît devant le roi. Henri IV aussi a prononcé bien des mots

restés célèbres : ils n'ont pas ce caractère de noble bien-
séance que l'on admire dans tous les propos de Louis XIV, ils
sont presque toujours familiers, gaillards, pétillants de vivacité gasconne et de bonne humeur gauloise. Les mots du
grand roi sont historiques; ceux du bon roi Henri sont populaires. Un ambassadeur étranger surprenait, dit-on, Henri IV
jouant sur un tapis avec ses enfants : on ne se représente pas
le grand roi dans cette attitude, et si l'anecdote est une légende, qui se serait avisé d'une légende semblable au sujet
de Louis XIV?... C'est qu'il incarne en lui la royauté. De là
cette possession de soi-même, cette contrainte imposée à
l'essor de toutes les passions, de tous les sentiments spontanés,
qui le rend moins sympathique, qui nous empêche, pour ainsi
dire, de reconnaître en lui un de nos semblables, mais qu'il
faut pourtant louer et bénir comme un bienfait chez un prince
dont le pouvoir était sans limite. »

La force de volonté fut peut-être, en effet, le
trait saillant du caractère de Louis XIV. Il se donna
le goût du travail, et ni les divertissements, ni les
passions mêmes ne portèrent jamais atteinte à sa
régularité ponctuelle et inflexible. Rien ne rebuta
sa patience, rien ne fatigua son application. Aussi,
ajoute très-bien l'orateur, pour mesurer la portée
des réformes qui marquèrent la première partie
du gouvernement personnel de Louis XIV, il faudrait comparer l'état misérable où se trouvait le
royaume en 1661, et ce qu'il était devenu dix ans
après, suivre les progrès accomplis dans toutes
les branches du gouvernement : « le désordre des

finances puni et réparé, le peuple déchargé d'une partie des impôts les plus oppressifs, la législation améliorée, la police organisée, l'industrie protégée, de grands travaux publics entrepris, des routes ouvertes, des ports creusés, une marine créée, un empire colonial que nous n'avons plus, offrant de larges débouchés à notre commerce, le pavillon français respecté, notre suprématie reconnue à Londres, à Rome, à Madrid, bientôt une guerre heureuse et le territoire agrandi, enfin l'autorité royale partout présente et bienfaisante au dedans, la France partout prépondérante au dehors. » Prétendre tout attribuer aux ministres et surtout à Colbert, c'est là une injustice ou un malentendu. C'était Louis XIV qui imprimait l'unité de direction. « Sans doute il ne faisait point tout à lui seul, comme le lui dirent ses flatteurs, et comme il eut le tort de le croire ; mais rien ne se faisait sans lui : et de la sorte, non-seulement il s'instruisait lui-même de ses affaires, mais il donnait à tous l'exemple et l'impulsion. »

C'est avec cette même sûreté de jugement qu'A. Feugère fixe la part d'influence personnelle qu'il convient de reconnaître à Louis XIV dans le mouvement littéraire de son siècle. Peut-on se refuser à voir dans la société que le roi gouverne et dans la littérature qu'il protége le même esprit d'ordre, de régularité, de discipline ? « Le premier règne, dit-il, où l'Espagnol cesse définitivement de se mêler de nos affaires, où l'on ne voit plus ni parti, ni seigneur faire alliance avec l'étranger, est aussi le premier où notre littérature échappe définitivement à l'influence étrangère. L'esprit national prévaut à la fois dans la politique et dans les lettres : il triomphe ici de l'esprit de faction, là de l'esprit de coterie. Aux petites sociétés des beaux esprits, Louis XIV substitue le grand salon français, la cour. Le goût de tous prime le goût de quelques-uns ; le sens commun détrône la mode. »

Mais sans amoindrir la valeur personnelle du prince, A. Feugère ne dissimulera rien des désastres de la dernière période de son règne, et l'échec final du gouvernement de Louis XIV, il n'hésitera pas à l'attribuer à la nature même du pouvoir absolu.

« Je m'étonne que les amis les plus convaincus et les plus ardents de la liberté politique semblent quelquefois se croire intéressés à diminuer la valeur personnelle de Louis XIV. Quand on l'aura représenté comme un homme médiocre, infatué, dupe de lui-même et des autres ; quand on lui aura contesté sa part dans les actes de son propre gouvernement, qu'aura-t-on fait, sinon de montrer qu'on professe beaucoup de haine pour le pouvoir absolu et peu de respect pour l'histoire ? Ah ! l'histoire toute seule, l'histoire impartiale de Louis XIV et de son règne, porte contre le régime du pouvoir absolu une condamnation autrement solennelle et décisive. Car, je vous prie de le remarquer, si Louis XIV n'était qu'une majestueuse médiocrité, comme on veut nous le faire croire, ne pourrais-je pas supposer que le pouvoir absolu eût peut-être échappé à la décadence si la fortune l'avait remis en des mains plus habiles? Mais quand l'histoire, au contraire, nous montre un prince dont la jeunesse, le caractère, l'esprit semblent faits pour le commandement, qui a conscience de sa mission et qui comprend toutes les exigences de son rôle, qui exerce le pouvoir au moment même où tout le cours de l'histoire antérieure, tous les besoins, tous les vœux de la nation en appellent l'avènement, qui l'exerce dans un esprit national, avec une activité bienfaisante et longtemps avec un éclat glorieux ; quand nous voyons ensuite ce pouvoir si fort, si respecté, sans être ni ébranlé par des secousses violentes, ni affaibli par une régence ou par une minorité, aboutir à des fautes désastreuses, à d'immenses revers, au discrédit et à l'irrémédiable décadence : alors nous pouvons dire que l'épreuve de la monarchie absolue est faite, et peut-être devons-nous remercier la Providence d'avoir permis ce long règne de cinquante-quatre ans pour enseigner aux hommes que le despotisme même le plus intelligent, le mieux servi par les circonstances, se perd par le vice de sa nature et suffit lui-même à sa ruine. »

Et l'orateur montrait ensuite que la seule partie de l'œuvre de Louis XIV qui devait durer et lui survivre, c'était tout ce qui concourait à l'unité territoriale, administrative et sociale de la France ; pour tout le reste, qu'il y avait contraste absolu et saisissant entre ce que Louis XIV avait voulu et ce que son règne avait produit :

« Il voulut fortifier l'autorité royale par le prestige de la majesté dans la personne du prince, assurer l'obéissance par l'admiration et par la crainte dans l'âme des sujets : quand il meurt, le prestige est détruit ; on a cessé d'admirer, on commence à ne plus craindre, on méprise et on raille, des satires clandestines désennuient la cour et la ville; déjà, peut-être, Montesquieu a conçu la pensée des *Lettres persanes ;* le testament du grand roi est cassé au parlement, et le peuple insulte à ses funérailles. — Il voulait assurer à son royaume tous les genres de prospérité, lui ouvrir toutes les sources de la richesse; il avait réussi d'abord par la réorganisation des finances et par l'admirable développement du travail national : et il laisse la France ruinée, désolée, plus misérable peut-être qu'il ne l'avait trouvée après les désordres de la Fronde et de l'administration de Mazarin. — Il voulait accomplir les grands desseins de Richelieu, et même les dépasser, rendre la France non-seulement prépondérante, mais maîtresse en Europe : et les grands desseins de Richelieu se sont en quelque sorte retournés contre nous ; la France, au lieu d'être la première dans le concert des nations, voit les nations se coaliser contre elle; nos anciens alliés sont devenus ceux de nos ennemis; les puissants nous jalousent, les faibles nous redoutent, et tous ensemble ont appris à nous vaincre. — Il voulait imposer à toutes les consciences une même foi, faire de la religion, protégée par lui, l'appui de son trône ; et la religion a perdu son empire, non-seulement le jansénisme et le protestantisme ne sont pas extirpés, mais le scepticisme radical se propage ; Bossuet, Bourdaloue, Fénelon sont descendus dans la tombe ; Fontenelle est maintenant célèbre et Voltaire commence à poindre. — Enfin, il voulait gouverner l'esprit public par les lettres dont l'éclat devait faire en quelque sorte rayonner sa gloire ; et les lettres, secouant le joug, vont devenir le redoutable instrument par lequel l'esprit public s'emparera de la véritable souveraineté et gouvernera le gouvernement lui-même. Ainsi, ce long travail de la monarchie absolue pendant cinquante-quatre ans aboutit, c'est trop peu de dire à un avortement, mais à l'enfantement de tout ce qui doit contribuer à sa perte. « Quelle « fin, s'écrie éloquemment Saint-Simon, bien éloigné pourtant « de tout comprendre et de tout prévoir, quelle fin d'un règne « si longtemps admiré ! O Nabuchodonosor, qui pourra sonder « les jugements de Dieu, et qui osera ne pas s'anéantir en leur « présence ? »

Mais A. Feugère dans sa pensée réservait pour un autre temps l'étude de cette décadence politique et morale qui assombrit la dernière partie du grand règne. Avant l'œuvre immense de Saint-Simon, d'autres écrivains sollicitaient son attention. S'il ne devait pas de cette année rencontrer des noms aussi éclatants que ceux de Retz et de La Rochefoucauld, combien encore de précieux témoignages à recueillir d'une Caylus et d'une La Fayette, d'un Fléchier et d'un Hamilton ? Que de figures variées à dessiner ! quelle riche matière s'offrait au jeune orateur pour confirmer, par le détail, les vues générales qu'il venait d'exposer avec ampleur et netteté !

L'ordre de ses leçons, il l'annonçait la semaine suivante, devait suivre, autant que possible, l'ordre des temps. Aux faits ou principaux groupes de faits successifs, tels que l'histoire les présente, il voulait rattacher les mémoires qui s'y rapportent particulièrement, et ainsi l'ordre chronologi-

que, dans une certaine mesure, devait amener
tour à tour les sujets qu'il allait traiter. La disgrâce
et le procès de Fouquet, par exemple, qui est le
premier événement grave du règne de Louis XIV,
le plaçait tout d'abord en présence du *Journal*
d'Olivier le Fèvre d'Ormesson; et après avoir indiqué le caractère et l'intérêt de cet ouvrage, il insis-
tait sur le procès même de Fouquet et sur le rôle
courageux et singulièrement honorable que d'Ormesson y a joué. D'Ormesson méritait d'ailleurs
pour lui-même d'être remis en lumière. Nous
apprenons à connaître, par l'exemple de sa
famille et par le sien, l'histoire et l'esprit de ces
vieilles familles parlementaires, qui forment un
groupe un peu sévère, mais si honorable de notre
ancienne société française. En publiant le *Journal* de d'Ormesson, M. Chéruel y a joint fort à
propos de longs et nombreux fragments des
mémoires que le père d'Olivier, André d'Ormesson,
avait écrits sur son propre père, et l'on peut ainsi
juger par quelle suite de progrès lents mais sûrs
ces familles de magistrats s'élevaient peu à peu
d'une condition modeste jusqu'aux charges les
plus importantes. C'était là de ces traits précieux
dont A. Feugère avait toujours soin de dégager la
leçon morale :

« Si vous voulez connaître le trait caractéristique de ces

grandes familles parlementaires, de ces familles des Molé, des d'Ormesson, des d'Aguesseau; si vous voulez connaître en même temps le secret principal de leur force et de leur élévation progressive, le voilà, c'est l'esprit de famille qui s'y perpétue vivace et profond; l'esprit de famille qui fait que le fils raconte pieusement la vie de son père pour la laisser en exemple à ses enfants, qui conserve et transmet l'héritage des traditions comme celui de la fortune, qui unit fortement le passé et l'avenir, et fait des générations qui se succèdent comme les anneaux entrelacés d'une même chaîne. Je ne vois plus seulement des individus isolés dont chacun, sans lien avec ses aïeux ni avec sa postérité, sans regarder ni au-delà de sa naissance ni au-delà de sa mort, fait sa fortune pour lui-même et jouit à son aise d'un présent égoïste. Non : au-dessus des individus, il y a un être réel qui se perpétue, qui les domine, qui les enveloppe dans une forte unité ; il y a la famille avec son patrimoine sacré de traditions, d'exemples et de vertus. Cet esprit, un temps viendra, et qui n'est pas éloigné, où il s'affaiblira dans ces familles de notre vieille magistrature comme dans la noblesse. Mais c'est leur honneur de l'avoir gardé plus longtemps, de l'avoir mieux défendu contre la corruption du temps. Voilà pourquoi vous voyez croître de génération en génération cette race des d'Ormesson et de bien d'autres. L'aïeul, fils d'un commis au greffe, est devenu président des comptes. Le père a été conseiller au Grand conseil, conseiller au Parlement de Paris, maître des requêtes et conseiller d'Etat; le fils lui succède dignement, devient rapporteur du plus grave procès qui se soit jugé depuis des siècles, et il pousserait plus loin sa fortune et la puissance de sa famille, si son intégrité ne lui avait fait perdre la faveur, s'il n'était pas tombé dans une disgrâce obstinée pour avoir refusé de conclure à la mort d'un accusé qu'il ne croyait pas digne du dernier supplice. Mais cette disgrâce même sera son honneur, elle attirera sur son nom ce qui lui manquait, le rayon de la gloire, récompense plus précieuse et plus pure qu'un accroissement de puissance ou de fortune. »

Après le procès de Fouquet, le second grand acte par lequel Louis XIV affermit son autorité et remit de l'ordre dans son royaume, ce furent les Grands Jours d'Auvergne. Par la plus naturelle transition A. Feugère passait ainsi aux *Mémoires* de Fléchier.

Les Grands Jours, on le sait, étaient des assises extraordinaires que le roi faisait tenir par ses commissaires dans les provinces où les désordres, les abus, l'impuissance des juridictions habituelles rendaient nécessaire une juridiction extraordinaire et supérieure. Les commissaires des Grands Jours, choisis parmi les membres du parlement, exerçaient une autorité exceptionnelle et très-étendue. Non-seulement ils jugeaient souverainement et sans appel, mais ils avaient le droit d'introduire des réformes, de faire des règlements d'administration et de police qui avaient force de loi. C'est surtout par la tenue des Grands Jours que la royauté apparaît dans l'évidence de son action protectrice et salutaire. Aussi, à toutes les époques qui marquent un progrès important de la royauté, on voit des Grands Jours tenus dans quelqu'une des provinces. En 1660, quand Louis XIV commença à gouverner par lui-même, on était à une de ces époques où de longs désordres rendaient nécessaires ces assises supérieures des Grands Jours, et peut-être ne furent-elles jamais mieux justifiées qu'à ce moment-là. Les excès des seigneurs s'étaient surtout donné carrière en Auvergne, parce que la nature même de ce pays, les communications plus malaisées, les mœurs plus rudes rendaient les crimes plus entreprenants et la répression plus incertaine.

Le 3 septembre 1665, une commission royale avait été nommée pour tenir les Grands Jours d'Auvergne. Elle était composée de membres du parlement de Paris (l'Auvergne étant du ressort de ce parlement). M. de Novion devait présider et M. de Caumartin était désigné pour tenir les sceaux. Comme les Grands Jours étaient toujours d'une durée assez longue, les magistrats emmenaient avec eux leur famille. Or M. et Mme de Caumartin avaient dans leur maison un jeune abbé, précepteur du fils né d'un premier mariage de M. de Caumartin. Ce jeune abbé était Fléchier.

A. Feugère dessine agréablement cette figure du jeune abbé, trop mondain sans doute, mais poli, spirituel, facile à vivre, tenant en tout sa place avec aisance et tact. Ses *Mémoires* sont ceux d'un homme d'esprit, d'un curieux qui promène partout une observation légère et malicieuse, plutôt que profonde, pour qui les Grands Jours sont un prétexte de piquants récits et à qui les mœurs, les aventures, les travers de la province sont bientôt plus familiers que les procédures. A. Feugère détache avec goût des plus jolies pages de Fléchier tout ce qui peut nous faire connaître la vie provinciale ; il n'oublie pas non plus de nous peindre la société même dont Fléchier est l'écho et qui, au milieu des graves devoirs de la justice, ne perdait pas une occasion de s'amuser et de se divertir. Ce contraste même n'a-t-il pas quelque chose qui blesse ? L'orateur l'avoue, mais en nous mettant finement en garde contre un excès contraire dans lequel nous tombons aujourd'hui :

« Vous me direz, peut-être : Mais n'y a-t-il pas quelque chose de révoltant dans ce contraste même ; dans ce contraste d'une société qui rit et qui s'amuse, au moment où les Grands Jours jugent tant de crimes et portent tant de sentences rigoureuses ; dans ce contraste entre la légèreté, le ton toujours ironique et souriant de ces *Mémoires* de Fléchier, et la besogne nécessaire, mais dure et douloureuse, qui est l'occasion de ces *Mémoires* mêmes? Quoi! tant de gaieté d'une part, d'enjouement, de galants entretiens, et, de l'autre, tant de procès criminels jugés, de forfaits punis, de sang versé! Non, je ne le contesterai pas, le contraste est quelquefois tristement accusé et choque nos regards. Dans cette société, l'esprit fait tort quelquefois au cœur, et la futilité semble conduire à la dureté. Oui, l'on voudrait quelquefois moins de conversations, de jolis badinages, de satires et d'épigrammes, et un sentiment plus ému de la gravité de ce que les Grands Jours accomplissent, des douleurs nécessaires qu'ils causent pour mettre fin aux misères anciennes. Mais ne soyons pas trop sévères. Nous péchons par un autre excès et qui ne vaut pas mieux. Les rigueurs de la justice humaine provoquent une sorte de sentimentalité étrange, d'intérêt fiévreux qui n'est pas plus dans l'ordre et qui ne reste pas mieux dans la mesure que l'insouciante gaieté de la société où vivait Fléchier. Les destinées des seigneurs de l'Auvergne, comparaissant devant les Grands Jours et payant la peine de leurs brigandages, n'ont pas assez ému Mme de Caumartin et ses amis ; mais les destinées de quelque vulgaire malfaiteur nous émeuvent quelquefois beaucoup trop. Le moindre de ses faits et gestes, ses réponses, son attitude intéressent tout l'univers ; il devient le héros du jour, il sera le héros du roman ou du feuilleton de demain. La littérature devenue démocratique exploite et augmente en même temps le goût des grosses émotions. Croyez-vous que cela vaille mieux ? Croyez-vous que le ton trop léger de Fléchier, écrivant ses *Mémoires* pour amuser une société aristocratique à côté de la justice qui condamne et qui frappe, soit plus malsain et plus dangereux que cette littérature qui spécule sur le crime, qui emprunte ses sujets à la collection des causes célèbres et ses inspirations au bagne ? »

A. Feugère terminait par de bien délicates réflexions sur Fléchier écrivain, et, après l'avoir replacé dans son juste milieu, il défendait sa mémoire contre les inductions malveillantes auxquelles, il faut l'avouer, l'aimable abbé a donné quelque prise :

« Il y a dans Fléchier un excellent metteur en œuvre de la

langue plutôt qu'un écrivain supérieur. Sa phrase est toujours apprêtée, et parce qu'elle est apprêtée, elle est un peu languissante et uniforme. Cette variété qu'il a cherchée et obtenue avec tant d'art dans la disposition de ses tableaux, fait défaut à son style. On sent toujours et partout que le style, chez lui, n'est pas seulement le vêtement, mais la toilette de la pensée. La pensée, chez lui, n'a pas une beauté qui se suffise à elle-même ; il lui faut de la parure pour la rendre jolie et lui permettre de se produire avec avantage dans le monde. Les *Mémoires* des Grands Jours d'Auvergne sont le produit le plus agréable de cette littérature inspirée par l'esprit de société qui a fleuri surtout à la fin du règne de Louis XIII et au commencement de celui de Louis XIV. Fléchier s'y montre homme de beaucoup d'esprit, composant et écrivant avec beaucoup d'art, bon écrivain, fin connaisseur en matière de langue : deux qualités lui manquent, la gravité et le naturel. La gravité, il l'acquerra dans l'éloquence, dans l'oraison funèbre, dans le panégyrique ; mais le défaut de naturel qui lui manquera toujours, toujours aussi, au moins en apparence, ôtera quelque chose à la gravité.

« Encore un mot. De toutes les antithèses qui remplissent le livre de Fléchier, il y en a une surtout qui nous étonne et qui a beaucoup choqué certains esprits. C'est ce contraste entre le ton, le badinage de ce livre, l'esprit mondain et galant qui l'anime, et la profession ecclésiastique de Fléchier. Le contraste, il faut le dire, n'était pas aussi marqué ni aussi choquant au XVIIᵉ siècle. Une partie du clergé dérivait purement de la grande réforme opérée par les Bérulle, les Ollier, les Vincent de Paul. Ceux de cette école concevaient le prêtre comme devenant, par son caractère, étranger non pas seulement aux dérèglements, mais à tous les plaisirs, à toutes les légèretés, à toutes les vanités du monde. Le prêtre se donnait tout entier au sanctuaire et ne laissait rien de lui-même au dehors. C'est l'école sacerdotale de l'Oratoire, des grands réformateurs que je nommais tout à l'heure, plus tard de Bossuet, de Bourdaloue. Mais à côté de ceux-là, qui concevaient un idéal sacerdotal si élevé, il y avait une autre école moins pénétrée par le courant réformateur, moins grave, moins austère. Ici on ne se donnait plus tout entier et exclusivement; le prêtre faisait comme deux parts de lui-même, l'une pour la religion, l'autre pour le monde. Cela ne veut pas dire qu'ils ne fussent pas souvent des prêtres très-réguliers, de mœurs très-pures; cela veut dire seulement qu'à côté du prêtre, il y avait en eux un homme du monde qui ne restait étranger ni aux habitudes, ni aux plaisirs, ni aux exercices d'esprit de la société. La plume à la main, ils ne répugnaient pas à adopter les conventions galantes, mythologiques et païennes du temps, ce qui ne les empêchait pas de faire de bons sermons, de bien vivre et de devenir de vertueux évêques. Tel fut Fléchier. »

Il restait sur ces premières années réformatrices et fécondes du gouvernement de Louis XIV, un monument important à étudier, c'étaient les *Mémoires* de Louis XIV lui-même. Quoique ces *Mémoires* ne soient pas l'œuvre immédiate du roi, A. Feugère montre fort bien qu'ils sont l'exacte expression de sa pensée, de ses principes, des motifs de sa conduite, et il est d'un intérêt supérieur d'étudier ainsi ce que le grand roi pensait de l'art de régner, de quelle manière il rendait compte de ses actes et quelles leçons il en tirait pour celui qui devait être son héritier.

Mais les faits de la politique, les actes du gou-

vernement ne sont pas seuls à composer l'histoire.
Sans expliquer les grands événements par de petites causes, il ne faut pas non plus se borner à
considérer les choses qui paraissent sur la scène.
Pendant que Louis XIV imprimait aux affaires
une direction si ferme et si intelligente, il tenait
sa cour, la cour la plus brillante, la plus magnifique, mais aussi la plus agitée par les intrigues
qui se puisse imaginer ; il présidait à des fêtes fée-
riques, il se laissait aller à tous les entraînements
de l'amour et du plaisir. C'est dans ce milieu que
nous conduit Mme de La Fayette, une femme d'un
esprit judicieux, d'une raison droite et sûre, unie
à beaucoup d'agrément, discrète et contenue.
A. Feugère marque bien dans l'*Histoire de Madame Henriette d'Angleterre* cet art particulier à
Mme de La Fayette, de tout faire entendre sans tout
dire et de voiler la vérité sans lui être infidèle ; et
les *Mémoires* mêmes de Mme de La Fayette, sur la
cour de France en 1688-89, fournissent à l'orateur
l'occasion d'établir un vif contraste entre les premières années si actives, si brillantes, où Henriette
était le centre de tant d'intrigues, l'ornement de
tant de fêtes, et cette époque différente où l'âge
plus avancé de Louis XIV et le commencement
des grandes épreuves publiques donnent à la
cour une physionomie plus sombre et plus
monotone.

D'autres figures, secondaires sans doute, mais d'un piquant intérêt et nouvelles pour beaucoup, viennent successivement prendre place dans la galerie ouverte par A. Feugère. Ce sera Hamilton, l'auteur des *Mémoires du comte de Grammont,* dont l'art de conter, la verve spirituelle, le tour fin, à la fois familier et rare, savent donner du prix aux moindres bagatelles et du charme, par malheur, au récit d'avèntures scabreuses. Quelle destinée aussi bien singulière et aventureuse que celle de l'abbé de Choisy, qui vit plusieurs années déguisé en femme, puis devient tout à coup missionnaire et part en cette qualité pour aller convertir le roi de Siam, qui raconte les frivolités et (pour ne rien dire de plus) les enfantillages incroyables de sa jeunesse; puis écrit des dialogues sur l'immortalité de l'âme, sur l'existence de Dieu et la religion, traduit l'*Imitation de Jesus-Christ,* publie une *Histoire de l'Eglise* en onze volumes, apprend entre temps et selon les occasions l'italien, le portugais, le siamois, est un académicien très-actif, interroge les uns et les autres pour rédiger des mémoires sur Louis XIV, promène enfin en tous sens une curiosité mobile, légère, instructive souvent, avec une facilité souriante, un peu enfantine, qui n'exclut pas toujours la vigueur et n'est jamais sans agrément et sans grâce ! Même en pareille rencontre, A. Feugère saura, sans forcer le ton de son sujet, ramener à propos une pensée morale, et prouver ainsi que le seul plaisir littéraire serait peu digne de l'auditoire et de l'orateur. Certes, il ne refusera pas de nous divertir en causant de Choisy et de son existence travestie, plus frivole encore que criminelle; quand, subitement changé en missionnaire, Choisy partit pour le royaume de Siam, A. Feugère avouera que les mauvaises langues n'avaient pas absolument tort d'attribuer cette résolution à des motifs purement humains, et de prétendre que si le Saint-Esprit y était pour quelque chose, c'est qu'il avait pris la forme de ses créanciers. Et cependant l'orateur tient que cette conversion est sincère, et il relève dans le journal de Choisy l'expression plus fréquente de sentiments sérieux. Toutes ces fines nuances sont saisies et finement marquées.

« Dans sa conversion, ne lui demandez pas la profondeur, la complète gravité; mais n'abusez pas contre lui non plus de certains mots qu'on lui attribue et où il se faisait plaisamment un peu plus léger qu'il ne l'était en réalité. On raconte qu'un jour, comme il passait, en compagnie d'un de ses amis, près d'une terre que le dérangement de ses affaires l'avait forcé de vendre, et qu'il soupirait, son ami, croyant que c'était de repentir, en fut édifié. « Ah! s'écria l'abbé de « Choisy, que je la mangerais bien encore! » On dit aussi qu'après avoir terminé son *Histoire de l'Église* en onze volumes in-4º, il s'écria : « Grâce à Dieu, mon Histoire est « faite; je vais me mettre à l'apprendre. » Il ne faut pas attribuer à ces saillies plus d'importance qu'elles n'en ont. Je sais qu'un converti de Port-Royal ou de Saint-Cyran n'aurait point prononcé de ces mots-là. Aussi n'est-ce nullement une conversion de ce genre que celle de l'abbé de Choisy. Son christianisme n'a rien d'austère ; il ne retourne ni ne renverse la nature ; il ne détruit pas le vieil homme, il le modifie heureusement et l'améliore. « Dieu soit loué de tout, s'écrie l'abbé « de Choisy. Je le prie tous les jours de conduire tout à sa « gloire et à son salut. Je me sens, avec sa grâce, en état de « recevoir tout avec tranquillité. Quand il n'y aura point de « ma faute, je n'aurai qu'à penser : c'est la volonté de Dieu ; « allons gaiement où il veut que nous allions, et je le ferai comme « je le dis. » Il écrit encore à bord du vaisseau qui le porte à Siam : « Je crois avoir enfilé le bon chemin, et j'espère beau- « coup de la miséricorde de Dieu. Que je suis heureux d'avoir « entrepris ce voyage-ci ! La santé m'est revenue. L'esprit est « encore en meilleur état, toujours gai et bien avec tout le « monde. Je n'aurai guère offensé Dieu pendant deux ans. « Hélas ! peut-être que, par là, ce seront les deux plus belles « années de ma vie ! Eh ! comment ferions-nous pour offenser « Dieu sur ce vaisseau ? On n'y parle que de bonnes choses ; « on n'y voit que de bons exemples. Les tentations sont à trois « ou quatre mille lieues d'ici. » Il vient un moment où la navigation, assez calme jusque-là, est troublée et même menacée une violente tempête. Choisy ne perd pas, même à ce moment, son ton ordinaire ; il badine avec la tempête, il trouve moyen de dire en un pareil moment que le *minois* de la mer est bien changé. Mais ce qui fait plaisir à voir, c'est son calme, c'est la gaieté confiante qu'il conserve au milieu du péril et qu'il attribue à sa bonne conscience.

« N'avais-je pas raison de dire que nous trouverions, par la suite, un second Choisy, bien meilleur que le Choisy des premières années et qui nous rendrait plus indulgents ? N'est-il pas vrai que ces réflexions chrétiennes, toujours sans tristesse, que ces retours sur lui-même, sans amertume et sans larmes, où la satisfaction du changement accompli l'emporte sur la douleur des désordres passés, rend Choisy plus sympathique et plus complétement aimable ? Oui, ces natures légères, dispersées, frivoles, celles-là surtout, par là même qu'elles sont plus disposées à s'efféminer et à s'affadir, ont besoin du point fixe qui les retient, de la pensée sérieuse qui les ramène sur elles-mêmes. Leurs grâces mêmes sont comme ces fleurs dont la tige est frêle et sans consistance, et qui, plus que d'autres, ont besoin d'un tuteur qui les empêche de s'affaisser et de perdre leur fragile parure dans la poussière et dans la fange. Je sais gré à l'abbé de Choisy d'avoir montré par son propre exemple que c'est un bon calcul, même pour plaire, que d'avoir de bonnes raisons d'être content de soi-même, et que lorsqu'on a d'ailleurs une nature facile, sociable et bien douée, pour devenir aimable tout à fait, il n'est rien de tel encore que de se faire estimer. »

En étudiant les *Mémoires* de Daniel de Cosnac, évêque de Valence, puis archevêque d'Aix. qui ne cessa de travailler, mais bien inutilement, à réveiller chez Monsieur, frère du roi, des sentiments dignes de son rang, A. Feugère montrait, par un exemple saisissant, comment les mémoires peuvent éclairer d'un jour nouveau les grandes œuvres littéraires d'un siècle. Nous avons tous lu et appris les pages célèbres où Bossuet, avant de nous conduire au lit de mort de Henriette d'Angleterre, la peint dans tout l'éclat de sa jeunesse, revenant en triomphe de la cour du roi son frère, qu'elle vient de détacher de l'alliance avec la Hollande. Ces heures d'orgueil et de joie ont-elles vraiment existé? Et ces jours, pour être les derniers, avaient-ils été pour la malheureuse princesse sans amertume? Qu'on en juge par ces douloureux détails :

« La dernière des lettres de Madame à Cosnac, la dernière peut-être qu'elle ait écrite (elle est datée du 16 juin, trois jours avant sa mort), est la plus curieuse et la plus triste. Madame était revenue quelques jours auparavant de ce voyage d'Angleterre, d'où elle avait, nous a dit Bossuet, remporté tant de gloire et de si belles espérances. Mais on voit dans cette lettre ce que ce retour, presque triomphal, d'une négociation si importante et si heureuse, cachait de secrète tristesse. Monsieur, qui ne pouvait pardonner à Madame l'éloignement du chevalier de Lorraine, ne l'avait accueillie que par des plaintes, des reproches et même des *menaces*. Le mot s'y trouve, et en vérité il serait terrible si tout ne portait pas à penser que le poison fut étranger à la mort de Madame; il explique du moins que Madame ait pu croire qu'elle mourait empoisonnée. Elle était privée de ses meilleurs amis, entourée d'ennemis ou des émissaires de ses ennemis. Et comme Mme de Saint-Chaumont venait de se compromettre en écrivant secrètement à la jeune princesse, fille de Madame, Madame lui écrit, dans cette dernière lettre, cette phrase si douloureuse à lire, écrite par une mère, et par une mère qui, trois jours après, aura cessé de vivre : « Je vous ai plusieurs « fois blâmée de la tendresse que vous avez pour ma fille. « Au nom de Dieu, défaites-vous-en. C'est une enfant inca- « pable de sentir là-dessus ce qu'elle doit, et nourrie présen- « tement à me haïr. » Voilà ce que Madame pensait et écrivait, trois jours avant sa mort, des sentiments qu'on inspirait pour elle à son enfant ! Quelques semaines plus tard, Bossuet tirera de la mort soudaine de la princesse la plus éloquente leçon sur les vanités des grandeurs humaines. Il ne dira rien peut-être qui soit plus capable d'en faire sentir, non pas seulement le néant, mais l'amertume et quelquefois la cruauté que cette seule phrase que je viens de citer. Madame est le lien des deux plus grands rois de la terre ; elle a joint aux attraits de sa grâce et de son esprit, l'importance d'un rôle politique qui prépare de grands événements pour l'avenir ; elle est au comble de la gloire. Et la mort, en quelques heures, détruit tout cela. Oui, c'est une grande vanité. Mais c'est trop peu encore. Avant que la mort fût venue anéantir toutes ces grandeurs, ces grandeurs mêmes lui imposent des souffrances et des amertumes que les conditions médiocres connaissent à peine. Que lui importaient ces succès, les flatteries dont elle était entourée, la faveur dont elle était l'objet ; et n'avait-elle pas lieu plutôt de les maudire, si, parce qu'elle était princesse, elle voyait sa destinée liée aux caprices et aux turpitudes d'un époux indigne, si on éloignait d'elle tous ceux qu'elle aimait, aujourd'hui Daniel de Cosnac, demain sa fidèle compagne Mme de Chaumont, si on ne lui laissait même pas ce que toutes les grandeurs et tout l'éclat de la puissance ne peut remplacer, ce qui, dans les conditions les plus obscures, console encore une mère souffrante, la confidence d'une amie et le cœur de sa fille ! »

Après Daniel de Cosnac, dont les *Mémoires* n'ont pas gardé d'ailleurs la vivacité gasconne de leur auteur, se présente Mme de Caylus, écrivain plein de délicatesse et de grâce, qui esquisse, de sa plume fine et légère, toute la galerie de la cour de

Louis XIV. A. Feugère, devant cette œuvre charmante, avouait son embarras; mais d'une manière, il nous semble, qui pouvait rassurer son public : « Ces mérites de Mme de Caylus, qui consistent surtout dans la délicatesse, dans le tour, dans l'ironie discrète et qui se dérobe, comment essayer de les accuser sans risquer de les dénaturer? Il semble que la parole comme la plume soit toujours trop pesante pour ces grâces légères. Comment choisir dans ce volume, où tout serait à prendre et à citer? La meilleure leçon sur Mme de Caylus, ne serait-ce pas de la lire, s'il était possible, d'un bout à l'autre? » Cette page, cependant, par la finesse de tour, ne donne-t-elle pas la plus juste idée du modèle qui l'a inspirée?

« Mme de Caylus n'écrivit ses *Souvenirs* que vers la fin de sa vie, et elle mourut en 1729. C'est donc d'un temps sensiblement postérieur à la fin du règne de Louis XIV que date ce livre, qui n'est plein que de la cour de ce prince. Il ne faudrait pas croire que la vérité et l'exactitude des récits de Mme de Caylus en fût altérée. Tous les moyens d'information, surtout en ce qui concerne le caractère, les mœurs, les aventures des personnages, elle s'est trouvée à même de les avoir. Elle avait vu de près la cour de Louis XIV aussi longtemps que Saint-Simon, de deux ans plus jeune qu'elle. Elle en avait gardé les impressions vives et fraîches de l'enfance. Nièce de Mme de Maintenon, elle avait su, par elle, bien des choses. Sa longue liaison avec le duc de Villeroi, ses relations avec les princes du sang et toutes les dames de la cour, sa vie même dans la retraite, dans ce petit ermitage voisin du Luxembourg, où elle recevait tant d'hommes et tant de femmes distingués, la plupart plus âgés qu'elle et témoins du grand règne, la faisaient pour ainsi dire pénétrer, par des conversations journalières, dans l'intérieur do la cour tel que l'avaient connu tous ces personnages et ces figurants qui lui parlaient, et dans l'intimité des personnes qu'elle avait peu connues par elle-même. Sa mémoire, facile et fidèle, s'était comme meublée de bonne heure d'une foule d'anecdotes et de traits de mœurs qu'elle entendait conter autour d'elle; son intelligence, juste et fine, discernait les détails caractéristiques, dégageait les physionomies propres des uns et des autres, et appliquait naturellement, involontairement en quelque sorte, à tous le contrôle rarement trompeur de son jugement exact et délicat. J'ose même dire que l'éloignement où Mme de Caylus était des choses qu'elle raconte, quand elle écrivait ses *Souvenirs*, est en quelque manière une garantie de vérité, parce que c'est une garantie de désintéressement. Elle n'est pas assez loin pour ne plus voir; elle est assez loin pour n'être pas prévenue. Sauf une ou deux personnes, comme Mme de Montchevreuil, contre laquelle elle a peut-être un peu de rancune, qui lui avaient nui et qu'elle trouvait ennuyeuses, ce que Mme de Caylus pardonnait peut-être encore moins aisément, elle a un fond d'indulgence aimable au milieu même de sa malice, cette indulgence, qui est une partie de la justice, comme la malice est trop souvent une partie de la clairvoyance. Indulgente, elle n'est jamais partiale; malicieuse, elle n'est jamais dupe. Elle ne connaît pas ces haines rétrospectives et passionnées de Saint-Simon; elle ne s'intéresse point avec cette sorte de chaleur impétueuse et amère à ce dont elle nous parle; et il se trouve que son féminin sourire est quelquefois plus vrai que ces emportements de l'orgueil blessé du duc et pair; elle n'a ni les sentiments personnels et ardents, ni les paroles violentes et les cris de ceux qui se lancent dans la mêlée. Elle n'en saisit que mieux la note juste. La voix de Mme de Caylus, si je puis ainsi parler, est comme un écho clair et argentin du grand siècle, qui n'en est pas moins fidèle pour être un peu lointain. »

Mais derrière cette société brillante et spirituelle, si finement retracée dans les *Souvenirs* de Mme de Caylus, et qui occupe le devant de la scène, le gouvernement actif, laborieux et bien servi de Louis XIV continuait son œuvre. A. Feugère ne néglige pas cette partie plus ingrate, mais essentielle, de son sujet. Les *Mémoires* de l'intendant Foucault nous montrent dans son jeu et tous ses ressorts le mécanisme de l'administration de Louis XIV. Nous apprenons ce qu'était un intendant au XVIIe siècle, l'étendue presque illimitée de ses attributions, la multiplicité des soins qui s'imposaient à lui, son influence dans les affaires de tout genre, non-seulement politiques et administratives, mais civiles, judiciaires, municipales, l'importance enfin de ce rouage dans le gouvernement. Ici, A. Feugère avait à toucher à l'une des questions les plus délicates de son sujet, celle de la politique religieuse de Louis XIV. La volonté du roi de faire disparaître totalement l'hérésie de ses Etats se découvrait de plus en plus. Il n'en fallait pas davantage pour que le zèle de ses intendants, stimulé par le désir et par la certitude d'être agréables au roi, s'ingéniât à inventer des moyens d'obtenir des conversions quand même. Mais après la phase des vexations, on entra bientôt dans la période de l'intimidation, de la pression effective et violente. Quand l'édit de Nantes est révoqué, l'hérésie n'est plus seulement l'erreur, mais la rébellion. Louvois, qui avait restauré la discipline dans nos armées, envoie aux intendants l'ordre d'encourager la violence des garnisaires, de leur livrer les châteaux des rebelles, de n'épargner aux opiniâtres ni la prison, ni la claie! Mais le jeune orateur s'empresse de le remarquer, et les *Mémoires* de Foucault ne laissent sur ce point aucun doute : à mesure que ce recours aux moyens violents devient plus ordinaire et plus général, l'action des intendants et du pouvoir civil se substitue à l'action des évêques et du clergé. Il s'agit de supprimer la religion qui déplaît au roi, et cela appartient aux *intendants* qui représentent le roi. Et, par exemple, on trouvera dans les *Mémoires* de Foucault cette assertion qui stupéfait : « M. de La Hoguette, évêque de Poitiers, avait prétendu assembler la noblesse huguenote, sur les ordres du roi qui m'ont été adressés, et les exhorter à changer de religion; mais *j'ai soutenu que cela m'appartenait;* son départ pour Sens, dont il a été nommé archevêque, a fini le différend. *Ma prétention était la mieux fondée.* » Détail bien expressif ! c'était des évêques particulièrement que se plaignaient les intendants. « M. de Mesplées, évêque de Lescar, écrit Foucault, bien loin de m'aider et de prendre part à l'ouvrage des conversions de son diocèse, n'a rien oublié pour les éloigner. » Quand les dragons furent envoyés à Orléans, M. de Coislin les établit à l'évêché pour épargner aux protestants de son diocèse les suites ordinaires ; de son côté, M. Le Camus, évêque de Grenoble, refusait formellement de les recevoir.

Ce n'est pas seulement l'immixtion de plus en plus envahissante du pouvoir civil dans l'œuvre des conversions qui se dégage des *Mémoires* de Foucault, c'est aussi l'illusion à laquelle ce pouvoir civil est condamné. De toutes parts on écrit au roi que tout le monde se convertit et, dit spirituellement A. Feugère, « je crois que si l'on pouvait additionner exactement tous les milliers de convertis énumérés par Foucault, par Dangeau, et dans tous les autres documents, on trouverait qu'il s'est converti à ce moment plus de huguenots qu'il n'y en a jamais eu en France. » Et Louis XIV en était venu à prendre au sérieux toutes ces conversions par villages, par villes, par diocèses, par provinces ! « On s'était tant dit qu'on vivait sous un règne de prodiges, que rien n'étonnait plus. »

« Louis XIV se l'était tant dit à lui-même, qu'il trouvait tout simple que la seule expression de sa volonté toute-puissante imposât la conversion à tous les réformés de ses États. Jamais on ne prit avec plus de complaisance ses désirs pour des réalités ; jamais on ne se laissa séduire par un plus grossier mirage ; jamais l'habitude d'être obéi et de tout pouvoir n'enfanta une plus prodigieuse illusion. Illusion telle, qu'elle détruit en quelque sorte la responsabilité. On a mille fois discuté, on a écrit des volumes pour savoir à qui était imputable la responsabilité des mesures prises contre les protestants. On discutera encore, on discutera toujours cette question, et on ne la résoudra jamais ; et quant à moi, si vous me demandez à qui appartient cette responsabilité, je vous répondrai que je n'en sais rien, et que personne ne le peut savoir. C'est une nouvelle impression qui se dégage des *Mémoires* de Foucault. La responsabilité, elle est à tout le monde, et elle n'est à personne. Car tous, rois, ministres, intendants, tous se trompent, tous s'aveuglent mutuellement, et tous s'aveuglent eux-mêmes. C'est le grand fléau des gouvernements absolus. Vous rappelez-vous ce beau morceau de Retz où il dit, qu'après s'être longtemps endormi dans une léthargie profonde, qui avait permis aux rois de changer l'ancienne Constitution, on se réveilla tout à coup au commencement de la Fronde ; on chercha comme à tâtons les lois, on ne les trouva plus ? Eh bien ! dans un gouvernement absolu, et par la fatalité même de sa condition, il arrive un moment où l'histoire cherche comme à tâtons la responsabilité, et ne la trouve plus. Et c'est l'heure, pour ces gouvernements absolus, des grandes fautes et des catastrophes décisives, parce que là où il n'y a plus de responsabilité, il n'y a plus de lumière. Ce qu'il y a de certain, c'est que Louis XIV n'a pas voulu et n'a pas su toutes les violences dont les protestants étaient victimes ; ce qu'il y a de certain, c'est qu'il a cru en signant l'édit de révocation, qu'il n'y avait plus, ou presque plus de hugue-nots dans son royaume, et qu'il ne faisait que constater un fait, et supprimer une tolérance désormais sans objet. Et presque tout le monde, trompé, et se trompant comme lui, crut la même chose. Tout le monde applaudit, même les esprits les plus libres et les plus frondeurs, causant dans l'intimité, même Mme de Sévigné, même Bussy Rabutin, même Arnauld. Ceux qui applaudirent le moins, ceux à qui revient le moins de responsabilité dans cette affaire, ce sont peut-être ceux à qui on serait tenté d'en attribuer davantage. — C'est Mme de Maintenon, qu'on a souvent accusée d'être l'auteur de la ré-vocation, et qui gémit au contraire des violences qui se com-mettent, qui se plaint que sa situation d'ancienne calviniste l'oblige à plus de réserve encore sur cette question que sur toutes les autres, qui écrit : « Tout est porté à des extrémités déplorables. Le roi est très-touché de ce qu'il sait et n'en sait qu'une partie... » Ou encore : « Je vous avoue que je n'aime pas à me charger devant Dieu ou devant le roi de toutes ces conversions-là. » C'est Fénelon, envoyé en mission pour la conversion des protestants, qui se défendait de faire un de ces ouvrages qui éblouissent de loin. Fénelon, qui disait cette belle parole : « Aucune force humaine ne peut forcer le retranchement de la liberté d'un cœur. » Enfin, écoutez ce curieux témoignage d'un témoin peu suspect, l'abbé Legendre, le secrétaire de l'archevêque de Paris, qui constate que le pape Innocent XI, non-seulement fut étranger à la révocation et à toutes les mesures qui l'accompagnèrent, la précédèrent ou la suivirent, mais les blâme et n'en fut pas dupe. L'abbé Legendre écrit donc, et il en est tout scandalisé : « Le croira-t-on ? Ce sera sans doute avec peine, cependant la chose n'en est pas moins vraie ! Quelque joie qu'eussent les catholiques d'un si heureux événement, *on ne s'en réjouit guère à Rome, Innocent XI moins qu'un autre,* disant, pour se disculper, *qu'il ne pouvait approuver ni les motifs, ni les moyens de ces conversions à milliers dont aucune n'était volontaire.* » Mais la France, sauf quelques exceptions, n'était pas si diffi-cile que le pape, et ces conversions à milliers, dont aucune n'était volontaire, furent prises au sérieux, et tout le monde s'aveugla, et le roi plus que tout le monde. »

Les *Mémoires* de l'abbé Legendre, récemment publiés, sont précieux aussi par les renseignements très-exacts et très-précis qu'ils nous donnent sur le clergé du XVIIe siècle, sur ses institutions, ses assemblées, sur les principaux de ses membres et particulièrement sur l'archevêque de Paris, M. de Harlay. Personnage médiocrement estimable, mais curieux, allant partout et fertile en aperçus de toute sorte, l'abbé Legendre avait avant tout le con-tentement de soi-même. « Les éloges qu'on se décerne, disait finement à ce propos A. Feugère, ont toujours quelque chose d'odieux ; mais sur-tout quand à ces éloges ne répond pas une gloire plus grande en définitive que celle de l'abbé Le-gendre. Le moi est haïssable, a dit Pascal ; il l'est davantage, quand il y a une telle disproportion entre le moi que l'on croit être et le moi que l'on est en effet ! » Les *Mémoires* de Legendre étaient ceux par lesquels. A. Feugère terminait les études de cette année ; et avant de descendre de la chaire, hélas ! où il ne devait plus remonter, il indiquait, dans un rapide résumé, tout le chemin parcouru, sans dire ce qu'il avait fallu pour l'achever d'infatigable énergie :

« Maintenant que nous sommes à la fin de cette série, permettez-moi de vous faire remarquer la grande variété de ces mémoires du XVIIe siècle. Nous avons pu rattacher quelques mémoires à tous les grands événements du règne : au jugement de Fouquet, le *Journal* de d'Ormesson ; aux Grands Jours d'Auvergne, les *Mémoires* de Fléchier ; à la mort d'Henriette d'Angleterre, les *Mémoires* de Mme de la Fayette ; à la Révocation de l'édit de Nantes, ceux de Foucault. Il y en a sur les grandes guerres de terre et de mer, sur les négociations, sur les questions religieuses particulières que nous pourrions étudier encore, si leur caractère n'était pas trop spécial et trop exclusivement historique pour le cercle de nos études. Ces mémoires nous ont permis de passer en revue, non-seulement les principaux événements, mais les diverses classes de la société, la magistrature, la noblesse, la cour, le clergé. Et tous ces auteurs de mémoires ont eu leur rôle, leur caractère distinct ; ils ne se confondent pas, ils ne se répètent pas ; ils ont leur personnalité, ils sont mêlés à la société, aux affaires de leur temps, et cependant ils s'en détachent et presque toujours intéressent par eux-mêmes. Le XVIIe siècle est comme un théâtre rempli d'une foule d'acteurs, mais si bien ordonnés et groupés, que chacun a sa place marquée, que chacun se distingue et ressort dans l'ensemble. Ces mémoires ont bien l'intérêt historique, et l'intérêt historique le plus vivant, le plus saisissable, le plus voisin de l'intérêt littéraire, parce que toujours, à côté des faits, ils nous montrent les mœurs ; sous les rôles abstraits, ils nous peignent les caractères animés ; l'histoire qu'on y trouve, c'est l'histoire prise sur le fait et plus que racontée, vécue. C'est donc une biblothèque bien riche, bien variée, unique en son genre dans toutes les littératures que cette bibliothèque de nos mémoires, et je serais heureux si je pouvais vous avoir inspiré le goût de lectures personnelles et étendues chez ces écrivains eux-mêmes. Quoiqu'il soit difficile de s'arrêter dans les études que nous faisons à telle ou telle date précise, nous avons choisi cette année les mémoires qui se rapportent plutôt à la première moitié du règne de Louis XIV. L'année prochaine, nous viendrons aux mémoires qui se rapportent plutôt au delà, à ceux où règne d'ordinaire un esprit moins soumis, plus libre, surtout à ceux qui les résument tous, les *Mémoires* d'un écrivain de génie, de Saint-Simon. »

C'était le 20 juin 1877 qu'A. Feugère adressait à son auditoire ces paroles qui devaient être les dernières ! Nous n'y ajouterons rien ni pour relever des qualités littéraires dont ces extraits, tout incomplets qu'ils paraîtront, sont un suffisant témoignage, ni pour regretter que le jeune maître n'ait pas eu le temps, avec cet esprit, auquel la maturité ne coûtait aucune des grâces de la jeunesse, d'arriver à une œuvre aussi complexe que celle de Saint-Simon. Le regret se perd dans des souvenirs autrement douloureux, et la date que nous venons d'écrire, nous avertit qu'il est temps de suivre notre ami dans une région plus haute que celle des lettres, et de montrer, ce qui achèvera son portrait, la simplicité courageuse de son cœur et la fermeté de sa foi devant la suprême épreuve !

X

Mais avant de raconter les derniers jours de
notre ami, qu'on nous permette de recueillir de
sa bouche même l'éloquente expression de ses
convictions religieuses. Nous aurons ainsi le secret de sa mort humble et courageuse. Ce dernier
témoignage, nous allons l'emprunter à des pages
restées inédites et dont la date nous reporte au
lendemain des désastres de la patrie. A la fin de
1871, il éprouva le besoin de donner une forme
précise à quelques-unes des réflexions qu'avait
fait naître en lui le sombre drame auquel il venait d'assister. Une âme chrétienne et patriotique
comme la sienne pouvait-elle ne pas se poser à
soi-même le problème qui aujourd'hui encore est
loin d'être résolu, et autour duquel, après dix
années de stériles débats, l'incertitude et la confusion semblent redoubler? Comment la France
reprendra-t-elle le rang que lui assigne sa vocation
historique? Quelles causes antérieures avaient

sourdement préparé ce subit écroulement de sa
fortune, et quelle force est seule capable de relever
tant de ruines ?

En agitant cette grave question, A. Feugère ne
pouvait éviter, on le comprend, de toucher à la
politique. Nous n'effacerons pas quelques traits
sévères dirigés contre l'Empire. Sans s'écarter au-
dehors de la réserve qui était un devoir de son
état, il n'avait jamais déguisé ses sentiments dans
ses conversations intimes à l'égard d'un régime
qui lui semblait, pour le prix incertain et précaire
d'une tranquillité toute matérielle, avoir favorisé
tout ce qui détournait l'esprit public des hautes
questions et l'abaissait à des intérêts inférieurs et
égoïstes. Il avait suivi avec une grande attention
les phases diverses de la question religieuse que
la guerre d'Italie avait amenée à son point aigu, et
il reprochait au gouvernement impérial ses ombrages et ses susceptibilités à l'égard des critiques
qui pouvaient l'atteindre, son indifférence devant
l'audace chaque jour grandissante qui livrait
l'Eglise et la religion à la haine passionnée de
l'ignorance. Ce n'est pas qu'A. Feugère estimât
qu'une protection officielle, trop sensible dans son
action, fût nécessaire à l'Eglise. Il aimait la liberté,
il y croyait, peut-être jusqu'à l'illusion. Mais comment ne pas être frappé de l'état de confusion morale où se trouvaient tant d'esprits ? Qu'attendre.

d'une nation longtemps comprimée par un pouvoir jaloux, habituée à ne plus porter son activité que dans le sens d'un bien-être de jour en jour plus exigeant, et chez laquelle la seule liberté qui restât était celle d'une propagande impie et matérialiste ? Comment ne pas craindre qu'au premier choc le mal n'apparût dans toute son étendue et dans toute sa profondeur ? Cette cruelle leçon, la France venait de la recevoir ; et pour toutes les âmes sincères et élevées, le moment était arrivé de pénétrer sans faiblesse les causes du mal et de prendre de viriles résolutions. C'était cette double pensée qu'A. Feugère indiquait au début de ses pages intimes. « Comme Phèdre, écrivait-il, rongée par une passion funeste qui la conduit au tombeau, la France sent la profondeur de sa blessure et répond à qui l'interroge : Mon mal vient de plus loin. Ce mal, quel est-il ? Comment s'est-il développé ? Quelles causes en ont favorisé les progrès ? Quels agents l'ont propagé ? Et par suite, quels remèdes peuvent le combattre et le vaincre ? »

Ce qui d'abord frappait A. Feugère, c'était le développement qu'avait pris sous l'Empire le parti révolutionnaire à la faveur d'une double complaisance, celle des libéraux et celle du pouvoir :

« Qu'il existe en Europe et spécialement en France, un

parti plus ou moins nombreux, plus ou moins cohérent, mais
confiant en lui-même, ardent, audacieux, opiniâtre, qui,
animé du génie de la destruction, travaille au bouleverse-
ment de la société, aspire au désordre pour le désordre même,
poursuit non plus une révolution passagère et locale comme
un moyen, mais la Révolution générale et permanente comme
le but suprême, c'est un fait qui n'est pas nouveau ; mais ce
fait vivant, grandissant au milieu de nous, ce fait attesté déjà
par tant de secousses périodiques, beaucoup d'entre nous le
méconnaissaient naguère ou fermaient les yeux pour ne le
point apercevoir. On voyait sous l'Empire des conservateurs
manifester pour les coryphées du parti subversif de singuliè-
res complaisances, les soutenir dans les luttes électorales,
contracter parfois avec eux des alliances qui ressemblaient
à des abdications. Beaucoup d'hommes inoffensifs et pacifi-
ques, si vous leur parliez des périls de l'avenir et des catastrophes possibles, secouaient la tête d'un air incrédule et
traitaient ces présages sinistres de pessimisme et de poltron-
nerie. Plusieurs même, pour peu qu'on les pressât, avouaient
que les révolutionnaires ne leur semblaient pas indignes de
sympathie, qu'ils allaient un peu loin sans doute, mais que
leur concours était précieux, et que, tout compte fait, ils
avaient du bon. L'un aimait en eux les adversaires irréconciliables d'un gouvernement dont il s'était promptement
dégoûté ; un autre voulait faire échec à ces odieux cléricaux
« d'où venait tout le mal ; » un troisième accordait ses préférences aux hommes de désordre par un certain amour des
situations tendues. Etrange contradiction ! parmi ceux-là
mêmes qui en 1851 appelaient à grands cris le premier sauveur venu, beaucoup ne voulaient plus croire à l'existence du
mal. Excessifs dans leur confiance comme dans leurs craintes,
ils n'avaient pas compris qu'il ne faut ni renoncer à la liberté
en face des hommes de désordre, — car c'est faire un aveu

d'impuissance dont ils profiteront, — ni se persuader que le péril est à jamais conjuré parce qu'on n'en voit plus devant soi l'échéance fixe et prochaine. Plus ce péril se cache, plus on le néglige ; plus on le néglige, plus il grandit. »

Or la politique imprévoyante de l'Empire laissa l'esprit révolutionnaire développer, avec une énergie et une persistance qu'on n'avait pas encore vues, ses deux caractères distinctifs et les plus redoutables : le socialisme et le cosmopolitisme. Entre autres preuves, A. Feugère rappelle « cette loi boiteuse et imprudente des coalitions, » qui fournit aux meneurs socialistes une occasion avidement saisie d'exercer sur la classe ouvrière une action directe et incessante :

« Ils utilisèrent aussitôt l'instrument qu'on plaçait entre leurs mains. Ils fomentèrent les grèves, les organisèrent, leur fournirent des fonds, et, sous prétexte de revendiquer les droits du travail, surexcitèrent, par de continuelles provocations, l'animosité de l'ouvrier contre le patron, du pauvre contre le riche. Vers la même époque, on voyait apparaître l'*Association internationale des travailleurs*... Ce fut dans notre pays qu'elle recruta des soldats. La guerre sociale était prête : la France devait en être le théâtre. »

Et le jeune écrivain expose en termes remarquables les raisons qui font de la France un terrain particulièrement propre au développement de la Révolution.

« La France, dit-il, par ses qualités et par ses défauts, eut le triste privilége d'être le berceau de l'esprit révolutionnaire et d'offrir à ses progrès le milieu le plus favorable. Pays initiateur et vulgarisateur, la France a plus que tout autre ce qu'on peut appeler le sens de l'universel et de l'humain. L'esprit français a trop le goût de l'idée générale pour ne pas donner dans l'utopie. Nulle part on ne se paie de mots et de formules plus volontiers que chez nous. Fraternité des nations, fédération des peuples, Etats-unis d'Europe, qui de nous ne s'est pris quelquefois à se bercer de ces beaux rêves, peut-être à y croire comme à des réalités prochaines? C'étaient des espérances flatteuses, et rien ne dit qu'un avenir lointain ne puisse pas les justifier dans une certaine mesure. Mais nous n'avons pas compris (c'est encore un de nos travers en France) que la valeur des mots change selon la bouche qui les prononce. L'origine de tant de belles promesses devait nous les rendre suspectes : toutes ces étiquettes séduisantes couvraient une marchandise empoisonnée. Ne suffisait-il pas pour nous désabuser que de violents rhéteurs répétassent ces chimères, comme autant de mots d'ordre, dans des congrès internationaux où les agitateurs de tout pays avaient leur place marquée?

« Car si l'esprit révolutionnaire est cosmopolite, le personnel révolutionnaire ne l'est pas moins. Italiens, Hongrois, Fenians, Polonais, leur patrie est partout et n'est nulle part. De Rome à Londres et de Bucharest à Paris, ils s'entendent et s'entr'aident. Aussitôt que le désordre éclate sur un point du monde, on les voit accourir de toute part, comme dans la tempête de l'Enéide, les vents se précipitent de tous les coins de l'horizon pour soulever les flots et briser les navires. Partout, ils poursuivent un but unique : ruiner l'autorité en tout ordre de choses. Partout, leurs procédés sont les mêmes : aigrir les mécontentements, attiser les passions, et pour cela s'emparer, tant qu'ils le peuvent, de la presse et de la tribune,

rendre les haines irréconciliables et les oppositions systématiques, provoquer les crises et les faire aboutir à la violence
et aux coups de force. Ils ne redoutent rien tant que la souveraineté calme et sereine de la loi. Tout pays où règne le
respect de la loi n'a point à les craindre; tout pays où ce
respect ne règne point, devient leur proie. Qu'on le veuille ou
non, il n'est pas d'illégalité, de quelque part qu'elle vienne,
qui ne soit tôt ou tard une force pour ces ennemis jurés de
l'ordre et de la stabilité. C'est pourquoi en Angleterre, malgré la multitude des ouvriers réunis dans les villes manufac-
turières, malgré le paupérisme, malgré les *Trade's Unions,*
ils sont jusqu'ici demeurés impuissants. La France, au contraire, tant de fois bouleversée par les coups d'Etat d'en haut
et d'en bas, la France, qui semble ne faire des constitutions
que pour se ménager le plaisir de les violer, devait être le
point de mire de leurs efforts et le principal théâtre de leur
action.

« Trop frivole, mais aussi trop généreuse et trop hospi-
talière patrie ! c'était peu d'avoir admis à ton foyer l'espionnage prussien qui préparait sourdement ta ruine : il t'a fallu
voir encore ta honte consommée, ton unité mise en péril, ta
capitale incendiée par un trop grand nombre de tes fils parri-
cides mêlés à des Italiens, à des Hongrois, à des Polonais,
à tous les enfants perdus de ces nations opprimées, pour lesquelles tu as tant de fois oublié tes intérêts, compromis tes
alliances, donné ton or et versé ton sang. » .

Et peut-on nier qu'au lieu de combattre un
mal dont il devait être la première victime, l'Empire ne l'augmentât par sa politique « à moitié
socialiste au dedans, à moitié révolutionnaire au
dehors, » tantôt parlant du droit des nationalités,

tantôt faisant entrevoir un prochain remaniement de la carte d'Europe? Sous son ombre, l'esprit révolutionnaire s'emparait, par les convoitises socialistes, des masses laborieuses, et par les utopies cosmopolites s'insinuait dans les classes supérieures. Le patriotisme peu à peu s'énervait, et il arriva ainsi que la France, « après avoir créé de ses propres mains les périls qui devaient l'accabler, ne retrouva plus à l'heure de la défaite ce ressort, cet élan unanime qui la rendaient indomptable. »

Dans une seconde partie, A. Feugère ne développe pas avec moins de clairvoyance, de netteté et de force, la décadence religieuse, philosophique et morale de l'Empire. Le parti révolutionnaire socialiste et cosmopolite, on ne peut le nier, est matérialiste et athée. De là sa guerre implacable contre le catholicisme et la papauté, car les sectaires ont compris que si le levier de la Révolution était à Paris, l'obstacle était à Rome.

« Paris et Rome! tel fut toujours, tel est encore le double objet de leur ambition..... L'esprit révolutionnaire avait compris d'instinct que le catholicisme était le rempart social qu'il fallait abattre. Qu'était-ce en effet que l'Eglise, sinon son antagoniste nécessaire en toute chose, et, pour ainsi dire, sa contradiction vivante! Destructeur de toutes les autorités, il se trouvait en face d'une autorité dix-huit fois séculaire et toujours obéie, disons mieux, de l'autorité par excellence.

Apôtre de la révolte, il rencontrait « la plus grande école
de respect qui soit au monde ! » Ennemi de toutes les su-
périorités et de toutes les distinctions sociales, il était en présence d'une hiérarchie plus solide et plus puissante que
toutes les hiérarchies humaines ; car elle n'est pas l'œuvre
des hommes. Subversif, il voyait se dresser devant lui l'im-
muable. Cosmopolite, il se heurtait à l'universel. »

On ne saurait s'étonner de voir la Révolution
conclure à l'athéisme, non plus qu'au règne exclu-
sif de la matière. « Qu'est-ce, en effet, que le
socialisme, sinon le matérialisme social ? »

« L'existence d'une âme spirituelle, ajoute A. Feugère, et
dont les biens sont supérieurs à ceux du corps, d'une âme im-
mortelle, et devant trouver dans une vie à venir la compensa-
tion des inégalités et des souffrances de celle-ci, ôte aux promesses du socialisme leur puissance et leur raison d'être. De
même, la croyance en Dieu, si petite qu'on fasse la part de la
Providence, sera toujours, sinon un frein constamment efficace, du moins un contrepoids aux entraînements des passions ;
elle contient l'homme en attirant sa pensée dans des régions
supérieures aux jouissances terrestres et brutales. Seules, les
solutions radicales du matérialisme et de l'athéisme peuvent
faire de l'homme cet animal déchaîné, avide de proie, fou de
rage si on lui dispute l'objet de ses convoitises, tel enfin que
le souhaite l'esprit révolutionnaire pour accomplir ses desseins antisociaux, et tel que nous l'avons vu naguère dans
des jours de sang et de feu. »

Mais un point douloureux et grave qu'A. Feugère touche avec sa fermeté habituelle, c'est que

le socialisme athée fut aidé dans son action funeste par des écrivains mêmes qui en réprouvaient les solutions radicales. Par exemple, M. Renan, malgré tout son art des nuances savantes qui concilieraient les contraires, s'il était possible, frayait, sans le vouloir, le chemin aux plus brutales doctrines en détruisant dans les âmes la foi au surnaturel; car il faudrait être par trop la dupe des mots pour tirer une autre conclusion des œuvres de M. Renan :

« Aucun signe ne dénote mieux le trouble des intelligences que les succès obtenus par M. Renan. Ce n'est pas qu'on puisse lui contester ni la science, ni surtout le talent; M. Renan est un artiste consommé. Mais ne lui demandez pas de doctrine précise; ne cherchez pas la formule de son *Credo* : ce serait prendre une peine inutile. Nul système ne peut compter M. Renan parmi les siens, et nul système cependant ne peut le repousser tout à fait comme un étranger. Il y a un peu de tout chez lui : de l'athéisme et de la religiosité, du panthéisme et du nihilisme, de la science et du rêve, de l'érudition et de la poésie. Grâce à la souplesse singulière de sa plume, grâce au goût exquis dont la nature l'a doué, tous ces éléments contraires se rapprochent sans se heurter, les disparates s'effacent, les tons les plus divers se fondent, et le tableau tout entier séduit et repose le regard par ses contours vagues et fuyants, par ses couleurs à la fois molles et chatoyantes. Les horizons que M. Renan nous découvre ne sont ni grandioses, ni variés : ce sont des régions douces et vaporeuses, où l'on respire un air tiède et des parfums qui charment en assoupissant. M. Renan, qui a visité l'Orient, lui a dérobé le secret des narcotiques.

« C'est assez dire que son influence est profondément malsaine. Si l'on s'y abandonne, on s'habitue à se passer de toute idée précise, à considérer dédaigneusement du fond de son cabinet le spectacle des révolutions qui se succèdent et des systèmes qui se combattent ; on ne sait plus rien approuver, rien blâmer, rien espérer. L'âme ne ressent même pas, comme dans le pur scepticisme, le salutaire tourment du vide ; car M. Renan laisse l'abîme peuplé de figures vagues, d'ombres sans réalité, mais qui donnent le change et dérobent le néant. M. Renan, qui ne veut choquer personne, aime à voiler sa pensée, parfois même à la masquer. Il conserve les mots de Dieu, d'âme, d'immortalité ; mais il faudrait un petit dictionnaire renaniste pour comprendre le sens ou les sens multiples que l'auteur attache à tous « ces bons vieux mots. » On rencontre çà et là des phrases qui semblent extraites de quelque livre de haute spiritualité. Certains lecteurs naïfs, ouvrant pour la première fois les livres de M. Renan, l'ont·pris pour le plus religieux des hommes. Les initiés n'ont garde de prendre ainsi les choses à la lettre.

« Eh bien ! sous ces apparences indécises et ondoyantes, il y a une idée fixe chez M. Renan. Cette idée maîtresse et partout présente, que M. Renan a bien des fois exprimée, mais dont je le crois préoccupé plus encore qu'il ne le dit, c'est la négation du surnaturel. Le surnaturel est l'ennemi personnel de M. Renan, sa bête noire. Au lendemain de nos désastres, dans un écrit intitulé *La Réforme intellectuelle et morale de la France*, M. Rénan, qui ne se réforme pas lui-même, cherchait, comme tout le monde, les causes de notre défaite. La principale de ces causes, quelle est-elle ? Vous le demandez ? C'est la foi au surnaturel ; cela saute aux yeux. En effet, M. Renan prononce le plus sérieusement du monde ces oracles décisifs : « Un élève des Jésuites ne sera jamais un officier « susceptible d'être opposé à un officier prussien ; un élève

« des écoles élémentaires catholiques ne pourra jamais faire
« la guerre savante avec les armes perfectionnées. » Pourquoi ? parce que « les croyances surnaturelles sont comme
« un poison qui tue, si on le prend à trop haute dose... La
« France a voulu rester catholique, elle en porte les consé-
« quences. Le catholicisme exerce des effets funestes sur le
« développement du cerveau (1). »

« Aussi M. Renan considère la négation *à priori* du surnaturel comme le point de départ de la science. Mais ce qu'il
n'ajoute pas, c'est que cette négation est en même temps le
but caché de sa critique. Il prend à tâche de poursuivre le
surnaturel sur tous les terrains, de tout expliquer sans lui,
même au prix des hypothèses les plus audacieuses et des
affirmations les moins prouvées. C'est là l'unité de l'œuvre de
M. Renan. Vient-il, par exemple, à parler de l'origine de
l'homme ? « *La science démontre*, dit-il, qu'à un certain jour,
« en vertu des lois naturelles qui jusque-là avaient présidé au
« développement des choses, sans exception, ni intervention
« extérieure, l'être pensant est apparu, doué de toutes ses
« facultés, et parfait quant à ses éléments essentiels (2). »

« Donc point de Dieu créateur. Ainsi du reste : M. Renan
chasse le surnaturel de la Genèse, de la Bible, de toute l'histoire hébraïque. Il devait enfin s'attaquer à la plus haute manifestation du surnaturel dans le monde, au surnaturel personnel et historique, à Jésus-Christ.

« Donner de tous les faits racontés dans les évangiles des
explications naturelles, reconstituer en dissipant les légendes
le personnage purement humain que l'imagination a transformé en Dieu, tel est le but que s'est proposé M. Renan
dans la *Vie de Jésus*. De là tant d'expressions blessantes et

(1) *La Réforme intellectuelle et morale,* 1871, pag. 97.
(2) *Revue des Deux-Mondes,* 15 décembre 1851.

sacriléges aux yeux des adorateurs de l'homme-Dieu, mais toutes parfaitement en rapport avec l'objet de l'ouvrage, qui est de rapetisser Jésus, de le ramener aux proportions humaines. L'Evangile devient, entre les mains de M. Renan, un roman dont le héros est tantôt « un villageois naïf »; tantôt « un homme fin, un délicieux moraliste, mais qui n'a aucune « notion de critique »; sincère, mais d'une certaine sincérité particulière à l'Orient, et qui ne l'empêche pas de donner quelque peu dans la « jonglerie »; plus tard, c'est « un géant « sombre », qui commet des actes absurdes, et qui cherche la mort. La fondation de l'Eucharistie est une « anecdote »; la Résurrection est une « hallucination » de Madeleine. Partout l'expression naturelle, quelquefois physique et médicale, substituée au récit miraculeux; partout l'imperfection et la vulgarité humaines dégradant la divine beauté; tel est, en deux mots, ce livre, celui de tous, parmi les écrits de M. Renan, qui a fait le plus de bruit et compté le plus de lecteurs. Les ouvrages qui ont suivi, sur les Apôtres et sur saint Paul, n'ont eu qu'un très-faible retentissement. M. Renan ne doit pas s'en étonner : quand on a dépouillé la personne du Sauveur de tout caractère surnaturel, tout est dit. Qu'importe ce qu'on peut écrire encore sur les Apôtres et sur saint Paul ? Le public ne s'y est pas trompé; il a considéré la *Vie de Jésus* comme le dernier mot d'un programme qui se formule ainsi : la critique et la science effaceront Dieu de l'histoire et de l'univers. »

Après M. Renan qui dit : « Pas de surnaturel, pas de Dieu personnel et vivant, ne croyez qu'à la critique et à la science »; après M. Littré qui dit à son tour : « Pas de métaphysique, la science n'admet que la matière, ses forces et ses lois »; après

M. Taine, qui ajoute : « La science ne connaît que des causes nécessaires et des influences fatales », que reste-t-il que le néant, que le vide ? Est-ce là le dernier mot de la science ? « Ses progrès, répond A. Feugère, ont renouvelé pour l'esprit humain la tentation de Prométhée. Nous avons cru posséder le feu céleste et nous avons défié Dieu. La science, courbée sur la matière, à laquelle elle arrachait de si merveilleux secrets, s'enfermant de plus en plus dans cet unique théâtre de ses travaux et de ses triomphes, n'a plus voulu croire à tout le reste. » Et comme les progrès scientifiques, en même temps qu'ils causaient cet enivrement dans les écoles et dans les académies, augmentaient le bien-être matériel du grand nombre, on s'est trouvé en face des deux sources du courant matérialiste qui nous déborde : « l'orgueil de la science en haut, la soif des jouissances en bas. »

Quels efforts a-t-on fait pour remonter ce courant ? Quelle autorité morale lui a-t-on opposée ? A. Feugère reconnaît que l'école spiritualiste de M. Cousin a essayé de combattre le matérialisme ; mais en constatant sa tentative, il constate aussi son échec. Il montre aussi l'impuissance de cette école séparée du christianisme qu'elle ménageait, sans doute, mais qu'elle traitait un peu « comme un aïeul vénérable, dont les jours sont comptés et dont on attend l'héritage. » Et quelle force pouvait avoir ce spiritualisme « extra-chrétien », qui, par sa rupture avec la religion, avait rouvert la voie des négations imprudentes !... Il avait repoussé les miracles de la révélation, l'école matérialiste et athée repoussa le grand miracle de la religion naturelle. La demi-négation ne pouvait rien contre la négation totale, elle n'avait fait que déblayer le terrain. Il n'y avait que l'Eglise qui pût résister au torrent; mais ses efforts étaient entravés. L'Empire, de 1851 à 1859, l'avait soutenue au point d'endormir la vigilance de quelques-uns de ses plus illustres défenseurs, et de faire que, dix ans après, malgré les plus formels démentis, « l'opposition à l'absolutisme et l'opposition au catholicisme, ou, comme on ne tarda pas à l'appeler, au cléricalisme, devînt une seule et même chose. »

Depuis la guerre d'Italie tout avait changé, le catholicisme fut attaqué audacieusement. Les journaux qui soutenaient l'unité de l'Italie, qui attaquaient le pape, le clergé, la religion, furent l'objet des bienveillances du pouvoir. Sans doute, le gouvernement n'en convenait pas, il prétendait tenir la balance égale, il essayait même de donner parfois aux catholiques inquiets une satisfaction. Le chef de l'Etat leur était moins contraire que beaucoup de ses conseillers. Il n'en est pas moins vrai qu'au milieu des contradictions de cette politique flottante, les catholiques subirent tour à tour et tout à la fois l'odieux de la faveur, sans en avoir les bénéfices, et les désavantages réels d'une demi-oppression. »

Pendant que l'Eglise était ainsi livrée à la Révolution, les mœurs publiques s'abaissaient et se faisaient une littérature tout à la fois expression et complice de cette décadence. Dans les théâtres populaires, la masse du public ne cherchait plus que les plaisirs des yeux ou les provocations des sens. Et sur les scènes plus élevées, « le fatalisme de la passion érigé en principe, les contrats, parfois trop aisément signés dans l'ancien répertoire, bien plus facilement déchirés dans le nouveau, les situations irrégulières et coupables toujours plus intéressantes que l'ordre et le bien », ne témoignaient pas moins de corruption. Le roman ne vivait plus que de l'adultère, non « de l'adultère considéré comme la suprême faiblesse d'une passion qui s'abandonne, mais de l'adultère sensuel, et, si j'ose le dire, médical. » Puis vient la catégorie des romans, dont les héros sont des assassins ou des voleurs, « où l'on dévoile les inventions monstrueuses et les ténébreuses intrigues. » — « Comptez si vous pouvez, dit-il, combien de livres, de journaux, de brochures de toute sorte ont été consacrés à répandre dans le peuple cette littérature de sang. »

« Qu'il se complaise dans la volupté ou dans le crime, qu'il nous ouvre l'alcôve de la femme du monde ou la cellule du condamné, que nous révèle le roman ? Toujours la même chose : que notre goût devient matérialiste comme tout le reste, que la sentimentalité nous paraît fade et la passion même trop idéale, que nous recherchons non plus ce qui touche, mais ce qui secoue, non plus les sentiments qui émeuvent, mais, pour me servir de la langue barbare appropriée aux tendances nouvelles, les sensations qui *émotionnent*, qu'enfin notre odorat dépravé préfère les mauvaises odeurs aux bonnes, parce qu'en général elles sentent plus fort. »

Et que dire encore de cette presse littéraire « qui, n'ayant le droit d'aborder aucune grande question, devenait nécessairement immorale pour la même raison qu'un homme oisif tombe promptement dans le vice, » et qui payait « en anecdotes scandaleuses et en récits graveleux la rançon de la liberté. »

A. Feugère n'entreprend pas de parler des mœurs. Là, pas plus qu'ailleurs, il ne lui convient de prendre « le rôle d'un prédicateur sans mandat » ; mais notre résignation en face de l'évidence du mal l'épouvante. On ne se persuade pas assez que tous les principaux foyers du matérialisme ont fourni des membres à la Commune, et qu'une même cause doit fatalement aboutir aux mêmes effets, aux bouleversements sociaux. Il termine tant de graves avertissements en posant des conclusions qu'il faut lire :

Je le demande donc en résumant ces réflexions : Ai-je réussi à montrer, d'une part, que l'esprit révolutionnaire, qui veut notre ruine, s'est développé, sous l'Empire, dans des proportions redoutables ; d'autre part, qu'il s'est produit, en même temps, un développement considérable de matérialisme et d'athéisme doctrinal et pratique ? Est-il vrai qu'il y a entre ces deux faits, non pas seulement parallélisme, mais corrélation ? Est-il vrai, historiquement, que le matérialisme athée soit professé par les révolutionnaires, que ceux-ci se soient recrutés en grand nombre parmi les matérialistes, que les uns et les autres se soient mutuellement défendus et entr'aidés ? Est-il vrai, logiquement, que l'esprit révolutionnaire et l'esprit matérialiste athée soient étroitement liés ensemble, l'un et l'autre reposant sur la négation ? Est-il vrai aussi que le matérialisme athée ne soit autre chose que le dernier terme et la manifestation la plus accusée de l'esprit antichrétien qui a commencé par la négation des religions positives au nom du spiritualisme rationaliste et qui s'est continué par les négations de plus en plus radicales du surnaturel, de la métaphysique du Dieu personnel, de l'âme et de la liberté ? Est-il vrai, enfin, que l'esprit révolutionnaire a pris successivement toutes ces formes de la négation antichrétienne, et que son histoire tout entière est remplie par une lutte constante contre le christianisme, spécialement contre le christianisme subsistant dans son intégrité, c'est-à-dire contre l'Eglise catholique ?

Que les révolutions périodiques, dont nous sommes les témoins et les victimes, nous servent au moins à connaître les causes qui les amènent et les lois qui les régissent. La révolution du 18 mars est la seconde révolution véritablement sanguinaire et sauvage que la France ait vue. Les autres, malgré des violences, des insurrections, des troubles toujours noyés dans le sang, ont été passagères et comparativement modérées. 1793 et 1871 restent les deux dates les plus tristement mémorables dans l'histoire de nos fureurs démagogiques. Et ces deux dates ont été, l'une et l'autre, précédées d'un mouvement matérialiste. Et aux deux époques, le mouvement matérialiste a été la dernière évolution de l'esprit antichrétien. Or c'est la seconde fois que nous descendons cette pente funeste; après avoir nié le Christ, on nie Dieu, et la négation de Dieu déchaîne la bête sauvage. On commence par Voltaire, on passe par d'Holbach, et l'on aboutit à Marat.

S'il en est ainsi, à côté des criminels qui ont participé à l'insurrection, combien y a-t-il de coupables involontaires et qui s'ignorent eux-mêmes, mais qui n'en ont pas moins préparé le succès de l'œuvre odieuse qu'ils sont les premiers à maudire? Je ne parle pas de ceux qui ont eu l'étrange aveuglement d'approuver la Commune et de trouver que c'était une bonne leçon donnée au gouvernement et à la province. Mais vous tous, philosophes de profession ou libre-penseurs de salon, qui avez prononcé l'acte de décès de la religion et raillé, comme des contes d'enfant, les vieilles croyances de nos pères; beaux esprits d'estaminet, qui professiez le mépris du prêtre et ne connaissiez d'autre Dieu que le Dieu des bonnes gens; voltairiens crédules, auxquels on a persuadé que les cléricaux tramaient contre la société moderne je ne sais quel complot ténébreux; bourgeois en belle humeur, qui vous régaliez chaque matin des déclamations anticléricales que vous servait le journal de vos préférences; vous tous qui avez applaudi à tous les coups portés au respect de la religion, encouragé, aidé de votre plume, de votre parole ou de votre argent les destructeurs de tout ordre et de tout genre, qui enseignaient le mépris des saintes choses, vous avez trouvé mauvais qu'un gouvernement de bandits vous fît la loi, arrêtât votre commerce, confisquât vos biens, détruisît vos édifices, fusillât vos voisins ou vos amis, incendiât vos maisons. Mais vous n'avez pas le droit de vous étonner. L'explosion a été terrible ; mais il ne faut pas accuser seulement ceux qui ont mis le feu aux mines : vous avez tous fourni au moins quelques grains de poudre.

Et ne dites pas : Qu'importe maintenant ? Le péril est passé sans retour. Jamais l'insurrection ne trouvera plus belle occasion, jamais elle n'aura dans la main pareils armements et pareilles ressources. Si elle n'a pas réussi cette fois, nous pouvons vivre tranquilles. — Ne vous y fiez pas. Il n'y a qu'un moyen de rendre l'effet impossible : c'est de supprimer la cause ; et pour raisonner juste, il ne faut pas dire : Le mal est conjuré, parce qu'il n'aura jamais une telle occasion de se produire. Disons au contraire : Si les germes du mal subsistent, l'occasion renaîtra certainement. Quand ? Comment ? C'est le secret de Dieu. Or, le mal, c'est l'esprit révolutionnaire prenant pour point d'appui le matérialisme athée. Et par conséquent, le remède, c'est assurément de prévenir les tentatives révolutionnaires, d'affermir par de bonnes lois l'assiette de la société, de protéger la légalité par des forces imposantes ; mais c'est aussi de combattre l'allié, l'agent, l'instrument le plus redoutable de l'esprit révolutionnaire, le matérialisme athée. Et comme le matérialisme athée n'est que la forme la plus violente et la plus extrême de l'antichristianisme, pour le combattre efficacement, il faut remonter jusqu'au christianisme positif. A la négation radicale, il faut opposer l'affirmation radicale, qui est la foi catholique. Quand un édifice est lézardé et menace ruine, l'architecte, s'il veut faire, comme on dit, de la bonne besogne, ne visite pas seulement et les murs et les combles, mais les fondations. Or cette œuvre de restauration morale et religieuse ne regarde pas seulement nos gouvernants et nos législateurs ; elle nous regarde tous. Que tous les hommes qui pensent veuillent bien renoncer aux préventions, aux rancunes, aux dédains convenus et de parti pris; qu'ils veuillent bien réfléchir, comparer, voir le mal, chercher les remèdes, non plus en adversaires superficiels des croyances religieuses, mais en jugés impartiaux et en hommes de bonne volonté. Ils arriveront à cette conclusion nécessaire : que dans l'âme du peuple la religion ne se remplace pas, qu'elle laisse derrière elle le néant absolu; que la religion positive est pour la société la seule garantie d'une morale efficace; que gouverner c'est régler et contenir, et que la religion donnant seule une règle certaine et un frein puissant, un peuple radicalement irréligieux serait radicalement ingouvernable. Donc toute propagande antireligieuse est révolutionnaire, et toute influence antichrétienne est antisociale. Est-ce à dire qu'il faut avoir recours à la contrainte, restreindre les lois de la libre pensée? A Dieu ne plaise! Je repousse ces soupçons gratuits et commodes qu'on nourrit volontiers contre l'esprit religieux et qui dispensent de raisonner. Non, la force ne peut rien contre le mal des âmes. Elle peut en retarder ou en entraver les conséquences matérielles; elle ne peut le guérir. Ce sont des influences morales, insensibles, quotidiennes, qui ont fait le mal; ce sont les mêmes influences qui le répareront. Qu'on cesse d'agiter ce vieil épouvantail d'oppression et de théocratie. Les catholiques demandent non le privilége, mais la liberté. Certes, quelques-uns d'entre eux ont pu commettre des excès de parole ou de plume, donner leurs exagérations personnelles comme des principes nécessaires, faire entendre des menaces déplacées. Qu'est-ce que cela prouve contre la doctrine, contre l'influence salutaire qu'elle exerce, contre la nécessité qu'il y a de la maintenir? Et quel parti n'a pas ses violents et ses maladroits? On dit : Mais l'Eglise condamne le progrès moderne! Je sais de nobles et loyaux esprits que cette idée arrête sur la voie du christianisme comme une barrière infranchissable. Faut-il donc le répéter pour la millième fois? Non, l'Eglise ne condamne pas le progrès. Elle ne condamne aucun progrès. Cela est faux et cela est absurde. L'Eglise s'est accommodée de tous les régimes, de tous les gouvernements et de tous les états sociaux, et c'est là son plus grand prodige. Elle est la seule institution religieuse qui n'ait pas été exclusivement locale et temporaire, la seule qui ne soit nécessairement attachée à aucune forme particulière de société ou de gouvernement. C'est pourquoi elle est catholique. Elle ne condamne pas ce qu'on appelle les idées modernes. Seulement, je l'avoue sans difficulté, elle s'en défie. Veut-on savoir pourquoi? Le voici en un mot. C'est que jusqu'ici les idées modernes se sont toujours présentées sous une forme et avec des dehors révolutionnaires; c'est que l'esprit révolutionnaire a su les accaparer toutes, s'en est fait le défenseur et les a infectées de son venin. L'Eglise, qui a l'éternité pour elle, ne se presse pas. Elle attend que le progrès véritable se dégage des éléments étrangers et corrompus qui l'altèrent. Alors elle l'acceptera et le sanctionnera. Jusque-là, elle dit au monde : Prenez garde ! Qu'on le veuille ou non, que cela plaise ou déplaise, la société, à moins qu'elle ne tombe dans la dissolution totale, n'a devant elle que deux voies, ou bien le retour aux influences moralisatrices des croyances positives, ou bien le despotisme systématique de Hume. Ai-je besoin de dire que cette seconde alternative n'est pas une solution ; car le despotisme c'est la force, et la force ne résout rien.

« C'est donc surtout dans les âmes que doit s'accomplir l'œuvre de réparation qu'exige notre situation sociale. Avec la régénération chrétienne, toutes les réformes utiles sont possibles et inoffensives ; sans cette régénération, toutes deviennent périlleuses et impraticables, parce qu'elles deviennent des révolutions et des cataclysmes. Le christianisme est la seule force qui puisse arrêter et détruire la redoutable invasion de l'esprit révolutionnaire et du matérialisme combinés. Certes, il faut comprendre et pardonner le doute ; qui de nous, dans notre époque troublée, n'en a senti l'étreinte et connu les angoisses? Mais quelle lumière éclaire les âmes, si les spectacles que nous venons de voir ne sont que ténèbres pour nous? Parmi les édifices de notre capitale, il en est un que la rage des incendiaires s'acharnait à détruire, mais que la flamme a respecté. Notre vieille cathédrale se dresse intacte, au milieu de son île, dans sa majesté imposante. Est-ce un symbole que la Providence a voulu placer devant nos regards pour nous faire comprendre que l'Eglise de Dieu résiste à toutes les conspirations du mal, et pour nous signifier que là seulement nous trouverons le solide abri que nous cherchons vainement au milieu des ruines? J'aime à penser que la Providence a voulu nous ménager ce double enseignement. Ne délaissons donc pas ces voûtes antiques. Nous qui n'avons bâti que sur du sable, considérons avec respect et humilité l'édifice que les siècles n'ébranlent pas. La société sera sauvée le jour où elle reviendra chanter, dans le concert d'une foi commune, ces paroles si souvent répétées par les échos de la vieille basilique : *Nisi Dominus custodierit civitatem, frustra vigilat qui custodit eam.* Si le Seigneur n'est pas le gardien de la cité, si l'idée de Dieu, du Dieu personnel et vivant, n'est pas présente au fond des âmes pour y faire vivre l'amour du bien, le respect, la charité, la fraternité véritable, gouvernements et assemblées, lois, décrets, innovations ou réformes, liberté ou despotisme, tout est frappé d'impuissance. »

Nous n'avons pas voulu abréger ces belles et fortes pages écrites par un homme qui n'avait pas

encore atteint sa trentième année, et qui trouvait
de tels accents dans la fermeté de sa foi chrétienne
et dans les tristesses inquiètes de son patriotisme.
Qu'ajouter à ces paroles ? Quel portrait peut égaler
l'impression vivante et directe que nous recevons
ici ? L'épreuve que traverse aujourd'hui l'Eglise
eût rempli A. Feugère de douleur : elle ne l'aurait
pas troublé. Nous-même, à qui il a laissé la haute
leçon d'une vie admirablement chrétienne, re-
cueillons avec respect ces lignes que la mort n'a
pas refroidies et qui nous paraissent aujourd'hui
comme l'écho d'une voix amie, venue à nous
du séjour de la vérité, pour nous affermir et nous
consoler !

XI

L'analyse que nous avons présentée du cours d'A. Feugère au Collége de France, la vue trop incomplète que nous avons donnée de sa belle étude sur Bourdaloue, les pages çà et là dispersées que lui inspirait sa foi religieuse, ou parfois d'intimes et touchantes préoccupations, cet ensemble témoigne quel écrivain distingué il promettait aux lettres et quel utile citoyen il préparait à son pays. Nature généreuse, volonté énergique, esprit actif, chez A. Feugère le travail était passé à l'état d'habitude et presque de besoin. Cette persévérance, unie à un talent naturel, l'avait aussitôt porté aux premiers rangs dans une carrière où tant de concurrents de mérite sont en présence. Mais il faut reconnaître que si la fortune eut pour sa jeunesse plus d'un sourire, il justifia toutes ses faveurs. L'amitié n'avait lieu d'être inquiète que des excès de travail qu'il s'imposait; mais encore,

ce qui la rassurait, c'était l'air d'aisance et de séré-
nité avec lequel il soulevait un poids si lourd. A
son foyer, d'ailleurs, tant de joies pures et douces
lui étaient ménagées! Dieu avait béni son second
mariage. Il voulait que ce fidèle chrétien connût
tout entier le bonheur comme la souffrance. Tendrement affectueux pour ses deux filles, qui ratta-
chaient au présent les joies et les deuils du passé,
il désirait ardemment un fils. Il l'obtint; et cette
naissance fut un des événements les plus heureux
de sa vie.

Quel plaisir pour A. Feugère de surprendre le
premier éveil de cette âme d'enfant! Comme ses
yeux devenaient doux et brillants quand il regar-
dait cette petite tête blonde sur laquelle déjà repo-
saient tant d'espérances! L'enfant, de son côté,
témoignait à son père une singulière prédilection.

Quand il commença à faire ses premiers pas, il
apprit bien vite à aller faire tapage à la porte du
cabinet de travail. Comment ne pas ouvrir? Comment ne pas le prendre dans ses bras, ne pas répondre à ses caresses? Le père l'asseyait sur son
bureau et permettait à ses petites mains de mettre
le trouble dans toutes les notes accumulées. Pas
une seconde d'impatience. Son bien-aimé Louis
avait tous les droits.

Est-il besoin de le dire? Un père si aimant et si
aimé se montrait le plus attaché et le plus tendre

des époux. Guide attentif, délicat, il était l'appui, l'exemple en même temps que l'honneur de celle qui marchait près de lui dans la voie chrétienne. Et cependant, au milieu de ce bonheur, A. Feugère se sentait parfois atteint de sourdes inquiétudes et comme d'une secrète défiance de lui-même et de la vie. Etait-ce fatigue d'un esprit surmené ou quelque obscur avertissement, comme Dieu en envoie à ceux qu'il veut préparer à de prochaines et décisives épreuves? Quoi qu'il en soit, avec ce ferme esprit de conduite qui ne se démentit jamais, A. Feugère s'était toujours tenu en garde contre les pensées qui peuvent amollir l'âme, la détourner de l'action et l'entretenir dans de complaisantes et vaines tristesses. Cette idée, il la proposait à son jeune beau-frère qui faisait alors, loin de Paris, son année de volontariat :

« L'année que tu es en train de passer est une année d'épreuves et de renoncement à peu près total à sa volonté propre. C'est dur ; mais on peut en tirer grand profit pour son caractère et pour son âme, quand on envisage les choses en homme, en Français et en chrétien, et c'est ce que tu feras. Je vois bien, à mesure que j'avance dans la vie, que tous ici-bas nous pouvons nous appliquer le mot que le grand Arnauld disait à Nicole, qui lui parlait de se reposer : « Nous « avons l'éternité pour nous reposer ! » Il ne faut pas y compter plus tôt. »

Et plus bas il ajoutait encore :

« Les affaires d'Orient semblent s'arranger, et la paix euro-
péenne, pour laquelle on avait de vives craintes il y a quelques jours, paraît assurée pour le moment. J'en suis heureux
pour nous tous et pour toi en particulier. Puisse venir le
jour où tous les hommes, tous les partis, même les radicaux
et les Prussiens, entendront la parole que dit Notre-Seigneur
dans l'évangile de ces jours-ci : *Pax vobis !* Mais ce moment
n'est pas encore venu, et, en y réfléchissant bien, je crois
qu'il ne viendra guère avant celui où il nous sera permis à
chacun de nous reposer. »

Cependant les cours du Collége de France
étaient à peine fermés qu'A. Feugère se voyait
appelé à des fonctions qui allaient lui faire prendre
pied à la Faculté des lettres de Paris. Une institution nouvelle était essayée, celle de conférences
particulièrement destinées à diriger les jeunes
gens dans la préparation des examens supérieurs.
Les titres d'A. Feugère le désignaient au choix de
la Faculté et du ministre; et, en effet, il venait
d'être chargé de la conférence de littérature française. Désormais, il allait appartenir tout entier à
l'enseignement supérieur.

Le 19 juillet, de nombreux fidèles, appartenant
à la Société de Saint-Vincent-de-Paul, s'étaient
donné rendez-vous près du tombeau même du
saint, dans la chapelle des révérends Pères Laza-
rites de la rue de Sèvres. A. Feugère était là, mêlé
à la foule. Je le reconnus, placé près du bas côté,
un peu dans l'ombre, à genoux, les yeux fixés sur

son livre, dans cette attitude simple et recueillie qu'il avait toujours dans la prière. Après la cérémonie, nous fîmes route ensemble jusqu'au collège Stanislas. Il m'apprit sa nomination à la Sorbonne. Il comprenait les avantages d'une situation qui, sans lui ménager peut-être plus de loisir, donnerait plus d'unité à la direction de son travail ; mais il ne dissimulait pas le chagrin qu'il éprouvait à la pensée de quitter Stanislas. Il y était attaché par les liens de la plus solide affection ; il était heureux d'avoir, pour sa part, travaillé à la prospérité d'une grande maison qui lui paraissait avoir résolu de la plus heureuse manière le problème de l'éducation par le ferme et large esprit de sa direction chrétienne. Au moment d'annoncer sa prochaine séparation (et c'était ce jour même qu'il devait le faire), il me parlait avec émotion de l'enseignement, plus modeste, mais plus pénétrant, du collège, qui trouve devant soi des âmes neuves, non encore défiantes ni disputées par des influences contraires, sur lesquelles la parole du maître a une influence réelle et profonde. L'enseignement supérieur pouvait flatter notre vanité, mieux satisfaire nos goûts personnels ; mais à combien de ménagements fallait-il se plier ? Comme il était facile de préférer les intérêts de son succès à la pensée essentielle, unique, qui devait nous inspirer, celle de rendre meilleurs ceux qui nous écoutent! Et je devinai, en entendant A. Feugère, les scrupules de cette âme si droite, si généreuse, s'interrogeant elle-même sans faiblesse, et dont la seule préoccupation était de rendre sa vie féconde par une constante et parfaite conformité aux desseins de Dieu.

D'ailleurs, dans cet entretien, aucune inquiétude pénible n'avait traversé mon esprit. J'avais trouvé à mon ami un visage calme et reposé. Je le félicitais de son prochain départ pour la campagne, où il allait trouver un loisir bienfaisant, malgré les vingt volumes de Saint-Simon qu'il emportait avec lui. Je lui serrai joyeusement la main. J'étais confiant, et ce fut la dernière fois que je le vis debout.

Appelé comme juge aux examens de la licence, il était en séance à la Sorbonne un des derniers jours de juillet, lorsque tout à coup il ressentit une vive souffrance et dut s'appuyer sur un bras ami pour regagner sa demeure. On crut d'abord à une douloureuse mais passagère indisposition. Lui-même, porté d'ordinaire aux tristes pressentiments, ne parut pas soupçonner d'abord son état, ou du moins il ne parla pas de sa première impression. Il dut seulement écrire au censeur du collége Stanislas, pour l'avertir qu'il ne pourrait faire la classe le lendemain. Ce sont là les dernières lignes écrites par notre ami. Nous n'avons

Jeudi matin, 26 juillet.

Monsieur le Censeur,

Souffrant depuis quelques jours déjà, je suis
tombé tout-à-fait malade hier en revenant de
la Sorbonne. J'ai été pris de douleurs violentes
et de fièvre. J'espérais que le sommeil me remettrait;
mais la nuit n'a pas été assez bonne pour cela:
ce matin, je suis dans l'impossibilité de faire
deux pas. Me voilà donc obligé à mon grand regret
de vous prier de ne pas compter sur moi ce matin. J'en
suis d'autant plus contrarié que beaucoup de mes
élèves m'ayant vu à la Sorbonne aujourd'hui, ne
s'expliqueront pas mon absence, et que j'aurais tenu
davantage à faire exactement ces classes, probablement

les dernières que j'aie à faire à Stanislas.
Mais Dieu dispose).

Veuillez agréer, Monsieur le Censeur,
l'expression de mes sentiments respectueux en
même temps que de mes vifs regrets.
                    Anatole Feugey

Si demain j'étais dans la même
impossibilité d'aller au collège, je vous en
ferais prévenir le plus tôt qu'il me serait possible

qu'à les reproduire dans leur brève et touchante
simplicité :

> « Jeudi matin, 26 juillet.

« Monsieur le Censeur,

« Souffrant depuis quelques jours déjà, je suis tombé tout
à fait malade hier en revenant de la Sorbonne. J'ai été pris
de douleurs violentes et de fièvre. J'espérais que le sommeil
me remettrait; mais la nuit n'a pas été assez bonne pour cela :
ce matin, je suis dans l'impossibilité de faire deux pas. Me
voilà donc obligé, à mon grand regret, de vous prier de ne
pas compter sur moi ce matin. J'en suis d'autant plus contrarié que beaucoup de mes élèves, m'ayant vu à la Sorbonne
aujourd'hui, ne s'expliqueront pas mon absence, et que j'aurais tenu davantage à faire exactement ces classes, probablement les dernières que j'aie à faire à Stanislas. *Mais Dieu
dispose.* »

Cependant l'inquiétude gagnait autour de lui.
Bientôt apparurent les premiers symptômes d'une
de ces maladies internes qui déconcertent la
science. Le malade eut alors le sentiment du danger. Quelques légères allusions d'abord, puis de
certains mots plus précis révélèrent son inquiétude; mais il n'en voulait encore rien laisser paraître devant sa femme. Il craignait de la briser.
Ne portait-elle pas en elle une espérance qui semblait aussi près d'éclore à la vie que lui-même,
hélas! était déjà près de la quitter ?

Le soir du 1ᵉʳ août il était plus calme, et il eut

un moment de sommeil. Celle qui ne le quittait pas plus que l'ange gardien ne quitte l'âme qu'il est chargé de protéger, se tenait près de lui. Elle espérait et elle priait.

Tout à coup, vers minuit, le malade s'éveille. Puis doucement, bien doucement, il lui dit : « *Ma chère femme, il faut faire ton sacrifice, je vais mourir... vite envoie chercher le prêtre.* » Et comme la pauvre femme, interdite, écrasée, faisait un dernier effort pour le rassurer : « *Le médecin, si tu veux*, reprit A. Feugère, *mais le prêtre, le prêtre d'abord,* » et il désigna l'ami qu'il fallait appeler.

Retenue loin de Paris auprès de sa fille qui allait accoucher, la mère d'A. Feugère, n'ayant reçu encore aucune nouvelle gravement alarmante, n'avait pu lui apporter ses tendres soins. Mme Demante, qui veillait dans une pièce à côté, accourt aussitôt. « *Ah!* lui dit le malade, *je ne pensais pas que j'aurais un fils posthume... j'aurais voulu écrire bien des choses, et je n'ai pas pu... mais vous, ma mère, pardonnez-moi, si je vous ai jamais fait de la peine.* » Et il reçut avec reconnaissance l'affectueuse et tendre réponse qui lui fut faite.

Sa femme était rentrée. Il lui fit signe de s'asseoir au bord de son lit : « *Reste, reste près de moi;* » et ses beaux yeux se fixaient sur elle avec une douceur triste et résignée. Puis, l'attirant plus près de lui : « *Je t'ai bien aimée, lui* dit-il, *et nous avons été bien heureux ensemble.* » Et l'on devinait, à ses mots brefs et rapides, que tour à tour il donnait une pensée affectueuse à tous ceux qui l'aimaient, à tous ceux qui, retenus loin de lui, et ignorant encore l'imminence d'un danger que rien n'avait fait prévoir, allaient fléchir sous cette écrasante nouvelle ! Il ne pouvait non plus oublier le petit être déjà chéri que son berceau attendait, et, avec ce sentiment paternel qui a le droit en ce moment de s'élever jusqu'à la dignité du prêtre : « *Je bénis,* dit-il, *ce fils que je ne connaîtrai pas.* »

Tout était consommé pour lui, et afin de faire comprendre que le reste de sa vie appartenait à Dieu, que rien ne devait plus troubler l'heure du dernier sacrifice et de l'entier renoncement, il écarta sa femme après l'avoir tendrement embrassée et lui avoir dit : « *Tu prieras bien pour moi, j'en ai tant besoin !* » Il se recueillait, il repassait humblement sa vie, il demandait pardon à Dieu de ses offenses ; puis, se dressant soudain sur son lit : « *Je ne suis qu'un pécheur et un grand pécheur,* dit-il d'une voix forte ; *quand on disait que je n'étais pas vain... j'ai été vain pour toutes choses.* » Dieu avait permis que son serviteur, pour ne perdre aucun mérite d'une sainte mort, eût la pleine conscience de son état. « *Oh ! ce passage est si terrible, si terrible,* » murmurait-il ; puis presque aussitôt, fixant les yeux sur l'image de la Vierge et lui souriant : « *Mais ce ciel,* ajoutait-il, *ce ciel... il est si beau, si beau !* »

Le Saint-Viatique est apporté. Son œil le cherche et le suit. Telle est sa présence d'esprit qu'il songe. à demander la serviette qui doit lui servir de nappe pour la réception de la divine hostie. Au *Confiteor,* il frappe sa poitrine avec une force qui contraste avec sa faiblesse. On lui dit de répéter les Actes en abrégé : c'est un cri d'amour qui s'échappe de son cœur, comme on devait en entendre de ceux qui accouraient, pour être guéris, sur le passage de Jésus-Christ. « *Je crois, j'aime, j'espère !* » s'écrie-t-il avec un accent de foi admirable.

« Quand je ne sais plus prier, me disait un jour la pauvre veuve, je pense à l'accent avec lequel il a dit ces trois mots. Ce seul souvenir ranime en moi la vie de l'âme anéantie par la douleur. »

N'était-ce pas la foi qui l'avait soutenue dans ces heures d'angoisses ? la foi qui, au moment de l'agonie de son bien-aimé, donnera à la femme chrétienne la force de lui dire : « Va, mon ami, va où Jésus t'appelle ! »

Quelques heures après avoir reçu les derniers secours de la religion, le malade fut ressaisi par le mal. L'intelligence se voilait. Il appelait son père, qu'une morne douleur clouait au pied du lit. « *Mon pauvre père, mon pauvre père... ma tête est vide... je deviens fou; mais je ne pourrai plus travailler!... Qui est-ce qui aurait dit que je deviendrais fou?* » Ce recours suprême à la tendresse paternelle, à laquelle il devait cette sûre et ferme raison dont la perte l'épouvantait, une ou deux fois le nom bien aimé de sa femme, furent ses derniers mots. Le soir du 2 août 1877, A. Feugère rendait son âme à Dieu.

« Il sera jugé chrétien par sa foi, homme par sa raison, » disait Bourdaloue d'un personnage dont il prononçait le panégyrique. Ces mots s'appliquent admirablement à A. Feugère. Oui, il eut bien, en effet, la fierté de l'intelligence et l'humilité de la foi. Raison et foi! deux rayons partis du même foyer, deux lumières qui s'unissent, qui se complètent, mais dont l'une porte plus loin et fait entrevoir à nos yeux, trop faibles pour en soutenir le plein éclat, les splendeurs d'une autre vie! A. Feugère reçut de Dieu la première et la plus inappréciable des grâces, celle de naître au sein d'une famille toute pénétrée de l'esprit chrétien, celle de ne rencontrer autour de lui que l'exemple du devoir et du dévouement. Aucune tendresse ne manqua à ses premières années. Mais, encore enfant, il vit la douleur entrer au foyer paternel.

Ses deux sœurs, plus jeunes que lui, périrent sous l'étreinte d'un mal implacable, et il vit une mère faisant violence à sa douleur pour consoler et relever les autres ; il vit un père s'humilier sous les coups dont Dieu le frappait et tremper de ses larmes le crucifix qu'il avait approché des lèvres de sa mère mourante, et qu'il devait encore un jour porter à son frère expirant ! A. Feugère comprit que la science pouvait être l'honneur de la vie, mais que la foi, la foi seule, en était la force. Il grandit, et ce qui avait été la première impression de son enfance, devint la conviction réfléchie de son adolescence. Il respecta sa jeunesse comme une fleur que nul souffle ne devait ternir avant de la donner à celle que Dieu lui destinait pour sa compagne. Dans cette vie si rapide, rien ne lui manqua, ni des succès capables d'éblouir une raison moins ferme, ni des douleurs capables de troubler un cœur moins chrétien. Il demanda à la religion un abri contre l'orgueil, un abri contre le désespoir. Aussi, combien fécondes ces trop courtes années ! Quelle douce et irrésistible influence il exerçait autour de lui ! Quelle autorité avait une seule de ses paroles ! Quelle affection passionnée lui portaient sa sœur, ses jeunes frères, justement fiers de lui, attentifs à tous ses désirs, résolus à l'imiter en tout ! Combien de purs amours et de saintes amitiés brisés en cette soirée fatale ! Mais lui-même nous a appris à ne pas fléchir sous la douleur des souvenirs. Ce qui était plus vraiment digne de la mémoire de notre ami, c'était de rappeler les leçons qu'il a laissées à chacun de nous par sa vie et par sa mort.

Et c'est pour cela, ô mon ami, que je n'ai pas hésité à réveiller, chez ceux qui t'ont connu et aimé, de cruelles émotions; c'est pour cela que j'ai interrogé leurs souvenirs et renouvelé leurs larmes !

Cœur droit, âme purifiée par la douleur et couronnée par le sacrifice, va rejoindre tes compagnons de labeurs, morts jeunes, eux aussi, les Ozanam et les Perreyve! Tu n'avais pas atteint le milieu du jour, mais ta moisson est faite, bien faite... Tu n'as pas eu le temps d'arriver à la gloire telle que les hommes la rêvent et l'atteignent parfois. Mais il semble qu'en t'enlevant la joie de ce triomphe, désiré peut-être et sacrifié héroïquement, Dieu ait voulu te réserver un honneur plus pur, une sorte d'auréole, un reflet de sainteté qui se répandra sur tes enfants, sur ce cher ange que nous avons vu surgir comme une fleur de ta tombe le jour même où nous t'y avions porté, sur tes élèves, sur tes amis, sur tous ceux qui liront cette page de l'histoire intime d'un de ces hommes comme notre chère France en compte encore, Dieu merci ! qui travaillent, qui luttent, qui prient, qui meurent dans le silence et apportent dans la balance où Dieu pèse les destinées dès peuples, un contre-poids à toutes les erreurs, à toutes les indifférences, à tous les crimes, un contre-poids ignoré, mais qui inclinera de notre côté son cœur paternel !

FIN

TABLE DES MATIÈRES

CHAPITRE VI

CHAPITRE VII

Cours au Collége de France (année 1874-75) : Mme de
Sévigné et son temps.

CHAPITRE VIII

Cours au Collége de France (année 1875-76) : les mémoires de la Fronde.

CHAPITRE IX

Cours au Collége de France (année 1876-77) : les mémoires du siècle de Louis XIV.

CHAPITRE X

CHAPITRE XI

FIN DE LA TABLE DES MATIÈRES.

Hortense Rose Séra[illegible]
(femme de Draset (Antoine)
Caissier à Henri IV.
Conservateur à Ste Geneviève

Amédé Albert
inspecteur au
ministère de l'Intérieur

Manuel Laroche

Louis Laroche
(Bibl.e nationale

9 782329 049311